小学
1・2・3
年生

冒険感覚で

ことばの力がどんどん身につく！

クロスワードパズル

深谷圭助
監修

はじめに（監修のことば）

このクロスワードパズルは、小学生の子供たちが、楽しく言葉の勉強ができるクロスワードパズルです。

わたしたちの身の回りには、さまざまな言葉があります。そして、これらの言葉を用いて生活をしています。また、学校では、毎日、新しい言葉を学んでいます。

国語の力をつけるためには、たくさんの言葉を理解し、使えるようになることが大切です。

ところが、学校の国語の授業では、どのような「言葉」をどの教材文で学ぶのかが明示されていません。国語の教科書によって、収められている「言葉」は異なります。

日本人として、どのような「言葉」を学んだらよいのか、明確にされていません。

このクロスワードパズルでは、子供たちがこれまでに触れている身の回りの言葉や、これまでに学校で学んできた言葉について学んでいきます。クロスワードパズル以外にも、シークワーズのように、様々な種類のものが用意されているので、飽きることなく、子供自身がどんどん自分の力で遊び感覚で学習を進めていくことができます。

本書では、クロスワードパズルを解いて、文字を正しく埋めていくと、クリスタルを獲得することができます。クリスタルを集めると、知識や装備をレベルアップすることができます。このように、パズルを解くことで、「インセンティブ」（ごほうび）があることも本書の特色です。

さあ、クロスワードパズルを解いて、冒険の旅に出ましょう。冒険が終わる頃には、たくさんの「言葉」に触れ、国語力がアップしていることでしょう。

2020年1月吉日

こども・ことば研究所　理事長
中部大学　教授
深谷圭助

ぼうけんのてびき

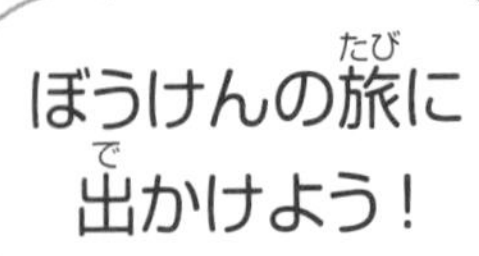

この地図のじゅん番に
おしろやどうくつを
めぐるのね！

ところどころに、
クロスワードやいろいろな
パズルがあるわ！

この文字を
正しくうめると…

たからばこが開いて、
クリスタルが出てきたよ！

このクリスタルを集めて
ちしきもそうびも
レベルアップするんだ！

問題のレベルが、
★から★★へ、そして★★★へ
レベルアップするよ！

ぼくらも
レベルアップするから、
みんながんばって
問題をといてね！

もんだいのときかた

クロスワードをとこう

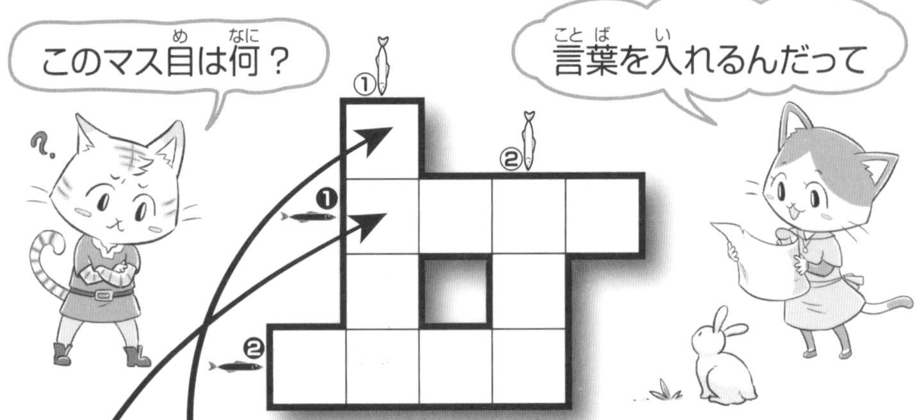

このマス目は何？

言葉を入れるんだって

①

②

❶

❷

たてのヒント

① 花を紙などにはさんでかわかしたものは?

・この言葉を、同じ数字があるマス目にたてに書こう。

横のヒント

❶ こくご、さんすう、りか、〇〇〇〇。どんな科目?

・この言葉を、同じ数字があるマス目に横に書こう。

マス目が重なっている部分は、
同じ文字が入るよ。
また、言葉の数はマス目の数と
同じじゃないといけないよ。
横の❶なら、4文字！

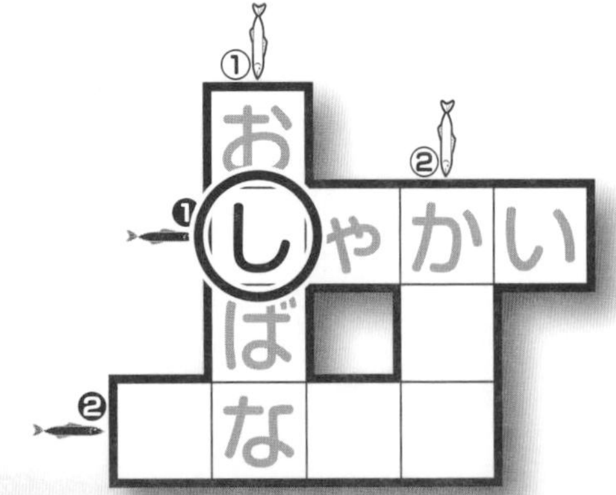

答えはすべてひらがなで書こう。
漢字を習っていても、ひらがなで書いてね。

いろんな問題があるから、わかる問題から書いていこう。
自分が書いた文字が、べつの問題のヒントになっていくよ！

すべてのマス目に文字を書いたら、答えのかいせつのページを読んで、もっと言葉と親しくなろう。
問題のむずかしさは、レベル★、レベル★★、レベル★★★の3だんかい。だんだんむずかしくなるからね！

問題がとけたら、横にあるクリスタルをぬりつぶそう！

 ←ぬりつぶそう！

もんだいのときかた

シークワーズをとこう

今度のマス目は
文字でいっぱいだ！

たてか 横につなげると、
言葉になるんだって

ヒント　「あ」から始まる、
あまいものだよ

こたえ　「あんこ」

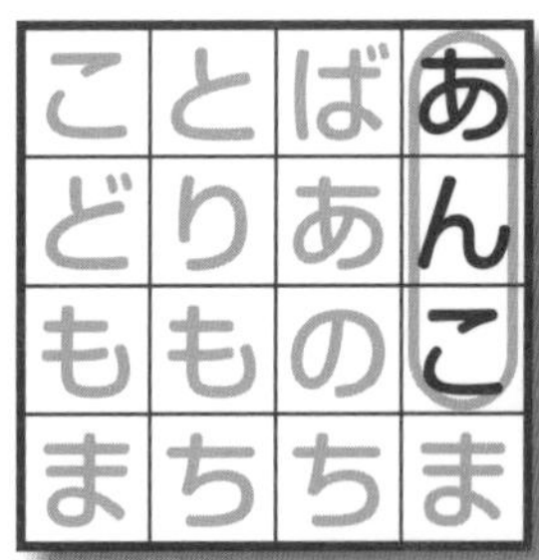

言葉は1つだけじゃないから、ヒントもたくさんあるよ。

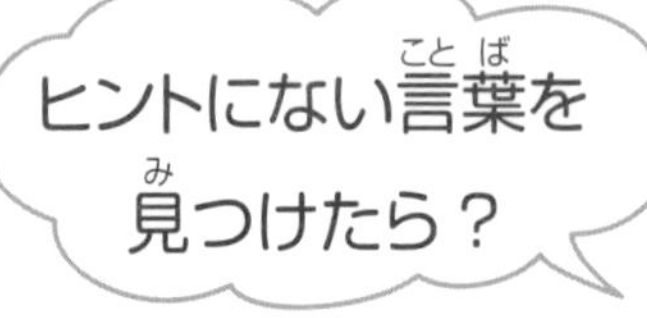

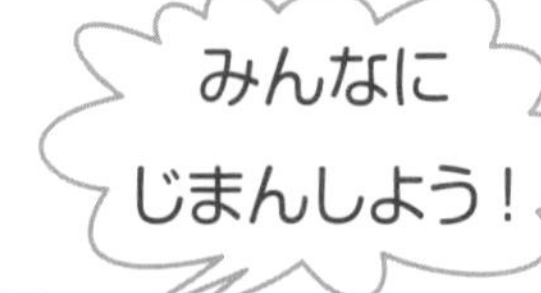

こども　とり　もち　あんこ　こま　どりあん　もも　まち

ぜんぶ見つけられるかな？

ななめは？

このぼうけんでは、ななめのつながりは出さないよ 

上下さかさまに読むのは？

このぼうけんでは、上下さかさまは出さないよ 

右から左に読むのは？

このぼうけんでは、左右さかさまは出さないよ 

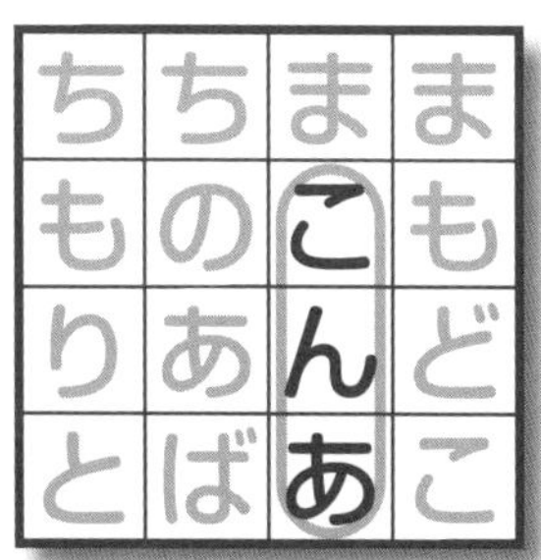

× 右から左には読まないよ
× 下から上には読まないよ

ドラゴンは、こわいかな？　なかよくなれるかな？
いっぱい集めたクリスタル、ドラゴンも持ってるね。

いっぱいパズルをといて、
ぼくがいるところにまでおいで！

もくじ

レベル★のパズル ………… 10

レベル★★のパズル ……… 46

レベル★★★のパズル …… 74

答えとかいせつ ………… 104

できたもんだいはクリスタルをぬりつぶそう！

1問 どうぶつのなまえ

たてのヒント

① オタマジャクシが大きくなると何になる？

② サンタクロースが乗っている
そりをひっぱる動物だよ。

③ 馬のなかまで、体に白と黒のもようのついている動物は？

横のヒント

❶ 夏に見られる黒いこん虫で、
頭の真ん中に角が生えているものは？

❷ 人間ににていて、木登りが上手な動物は？
おしりが赤いものがいるよ。

❸ ぶたのなかまで、赤ちゃんのときは
「うりぼう」とよばれる動物だよ。

❹ 「ある日、森の中、○○さんに出会った」という歌が
あるね。

①
②
③
❶
❷
❸
❹

できたもんだいはクリスタルをぬりつぶそう！

2問 のりもののなまえ

たてのヒント

①時速 300 キロい上で走る日本の電車だよ。

②風船のようなふくろがついた、
空をとぶ乗り物は何かな?

③馬が引っぱってくれる車は何という?

横のヒント

❶病気になったりけがをしたりしたときに
病院まで運んでくれる車だよ。

❷火事になったとき、火を消すために
やってくる車は何かな?

❸人が乗れる箱のようなものがゆっくり回る、
遊園地にある乗り物だよ。

❹水の中をもぐって進むことができる乗り物は何かな?

❶
❷
❸
❹
①
②
③

できたもんだいはクリスタルをぬりつぶそう！

3問 くりかえしのことば

（れい）にならって、右の表で、たてか横にならんでいる2文字を2回くり返して、次の文の□に当てはまる4字の言葉をつくりましょう。

（れい） ドアを どんどん とたたく。

① 体を□□□□とあらう。

② かみなりが□□□□と鳴る。

③ 大声で□□□□とわらう。

④ うどんを□□□□とすする。

⑤ まどが□□□□とゆれる。

⑥ 紙を□□□□とやぶる。

ど	ん	が	ず
び	み	た	る
り	ご	し	げ
わ	ろ	で	ら

できたもんだいはクリスタルをぬりつぶそう！

4問 なかまのことば

1 次の言葉の中から、なかまの言葉をさがして、・と・を線でつなぎましょう。

だいこん

キリン　　　　パンダ

にんじん　　　　バス

タクシー

2 次の□の言葉とにた意味の言葉を、
下の図からさがしましょう。

◇ ① 犬がえさを［くう］。→犬がえさを□□□。

◇ ② 空気が［おいしい］。→空気が□□□。

◇ ③ 本を［かたづける］。→ 本を□□□。

◇ ④ ［おもしろい］話。→□□□□話。

め	し	ま	う
つ	く	る	ま
お	か	し	い
こ	た	べ	る

できたもんだいはクリスタルをぬりつぶそう！

5問 はんたいのことば

1 次の言葉の中から、反対の意味の言葉をさがして、・と・を線でつなぎましょう。

むすぼう！

かたい

ちいさい

おおきい

ふかい

やわらかい

あさい

2 次の□の言葉と反対の意味の言葉を書き、□の①～⑥の文字をつないでできた言葉を書きましょう。

◇ ❶ 川を[のぼる]。 → 川を[ ][①][ ]。

◇ ❷ ねだんが[たかい]。→ ねだんが[ ][ ][②]。

◇ ❸ 部屋が[ひろい]。→ 部屋が[③][ ][ ]。

◇ ❹ 荷物が[おもい]。→ 荷物が[ ][ ][④]。

◇ ❺ 味が[うすい]。 → 味が[⑤][ ]。

◇ ❻ 本を[かう]。 → 本を[⑥][ ]。

できたもんだいはクリスタルをぬりつぶそう！

6問 どうぶつのなまえ

右の表の中から、次の生き物の名前をさがして書きましょう。

◇①長い鼻をもった大きな動物だよ。

◇②かまのような手を持った緑色のこん虫は何かな?

◇③首の長い大きな動物は?

◇④サルや人間のなかまの大きな動物だよ。
むねを両手でたたくすがたを見るね。

◇⑤はさみのような角をもった黒いこん虫だよ。

◇⑥黒くて「カーカー」と鳴く鳥は?

◇⑦公園などでよく見かける、白やはい色の鳥だよ。

①□□

②□□□□

③□□□

④□□□

⑤□□□□

⑥□□□

⑦□□

か	ま	き	り	ん
ら	い	ち	ご	く
す	ご	は	り	り
あ	さ	と	ら	ぞ
く	わ	が	た	う

できたもんだいはクリスタルをぬりつぶそう！

7問 たべもののなまえ

たてのヒント

◇ ① といたたまごをフライパンでやき、
だ円形に丸めたりょう理を何という?

◇ ② 食パンの間に、ハムや野さいなどをはさんだ食べ物だよ。

◇ ③ やわらかく丸いものをくしにさした食べ物だよ。
「花より○○○」ということわざもあるね。

横のヒント

◇ ❶ たいたお米の中に具を入れてにぎった食べ物は何かな?

◇ ❷ いろいろな野さいなどに
ドレッシングをかけて食べるりょう理だよ。

◇ ❸ ころもをつけてあげたぶた肉とたまねぎなどを、
たまごでとじてごはんの上にのせたりょう理は何かな?

◇ ❹「ぞうに」に入っている白い食べ物は?

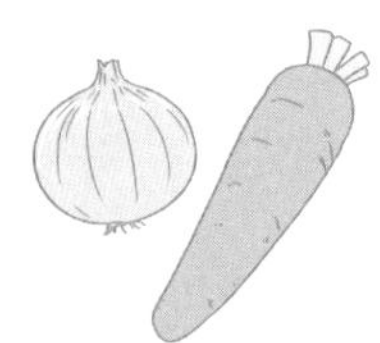

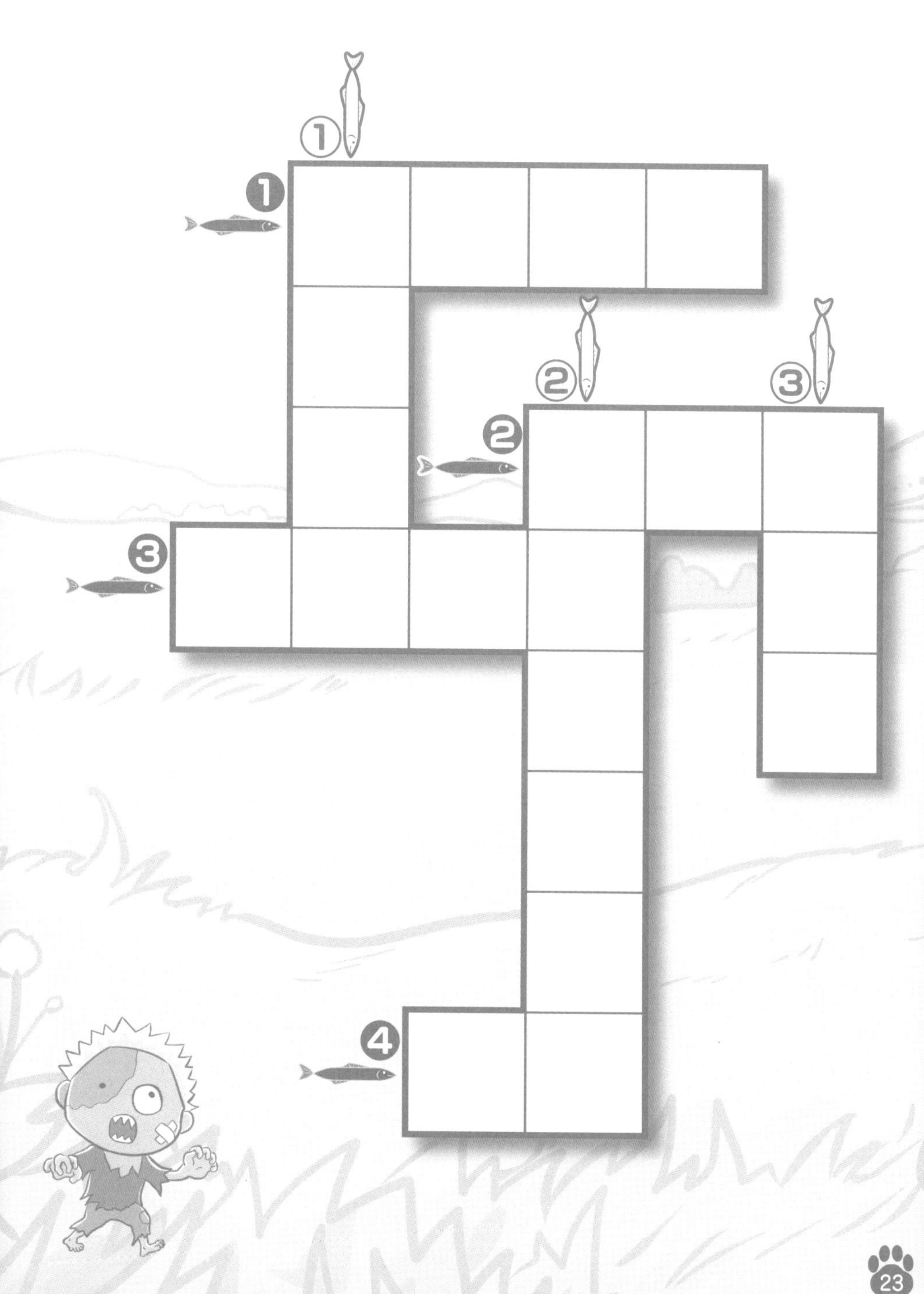
①
❶
②
③
❷
❸
❹

できたもんだいはクリスタルをぬりつぶそう！

8問 おしごとのなまえ

たてのヒント

◇①家をたてる仕事をする人は?

◇②えい画やドラマでえんぎをする人だよ。

◇③学校で勉強を教えてくれるのは○○○○だね。

◇④火事のとき、真っ先にかけつけて火を消す人だよ。

◇⑤新聞の記事を書くのは「新聞○○○」。

横のヒント

◇❶「おまわりさん」のべつの名前だよ。

◇❷虫歯をなおしてくれるのはだれかな?

◇❸魚や貝をとる仕事をしている人を何という?

①
③
⑤
1
②
④
2
3

できたもんだいはクリスタルをぬりつぶそう！

9問 かぞえることば

（れい）にならって、次の文にある数を数えるときに使う言葉を右の表からさがしましょう。

（れい）　ねこが2 ひき いる。

◇①ゾウが3 □□ いる動物園。

◇②紙を4 □□ ください。

◇③友だちが3 □□ 集まった。

◇④コップ2 □□ の水を飲んだ。

◇⑤新しいくつを1 □□ 買った。

◇⑥家が2 □□ ならんでいる。

◇⑦車が7 □□ とまっている。

ひ	き	よ	ね	と
つ	か	け	ん	う
に	ん	も	ち	わ
ら	ま	ん	は	そ
だ	い	れ	い	く

できたもんだいはクリスタルをぬりつぶそう！

10問 なかまのことば

1 次の言葉の中から、なかまの言葉をさがして、
・と・を線でつなぎましょう。

テレビ

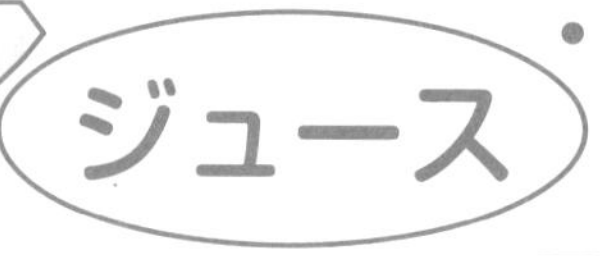

ラジオ

2 次の□の言葉とにた意味の言葉を、下の図からさがしましょう。

◇ ① 高い所に あがる 。→高い所に □□□ 。

◇ ② 花の かおり 。→ 花の □□□ 。

◇ ③ おかしな 話。→ □□□ 話。

◇ ④ 球を ほうる 。→ 球を □□□ 。

に	お	い	の
ぼ	ん	お	ぼ
る	な	げ	る
へ	ん	な	く

できたもんだいはクリスタルをぬりつぶそう！

11問 はんたいのことば

1 次の言葉の中から、反対の意味の言葉をさがして、・と・を線でつなぎましょう。

むすぼう！

まえ

みぎ

いりぐち

でぐち

ひだり

うしろ

2 次の□の言葉と反対の意味の言葉を書き、□の①〜⑤の文字をつないでできた言葉を書きましょう。

◇ ❶ あつい 日。→ □①□□ 日。

◇ ❷ 月が のぼる 。→ 月が □②□□ 。

◇ ❸ 学校に いく 。→ 家に ③□□□ 。

◇ ❹ ふるい くつ。→ □□□④□□ くつ。

◇ ❺ しずかな 場所 。→ □□□⑤□ 場所 。

◇ □□□□□

12問 ことばめいろ

できたもんだいはクリスタルをぬりつぶそう！

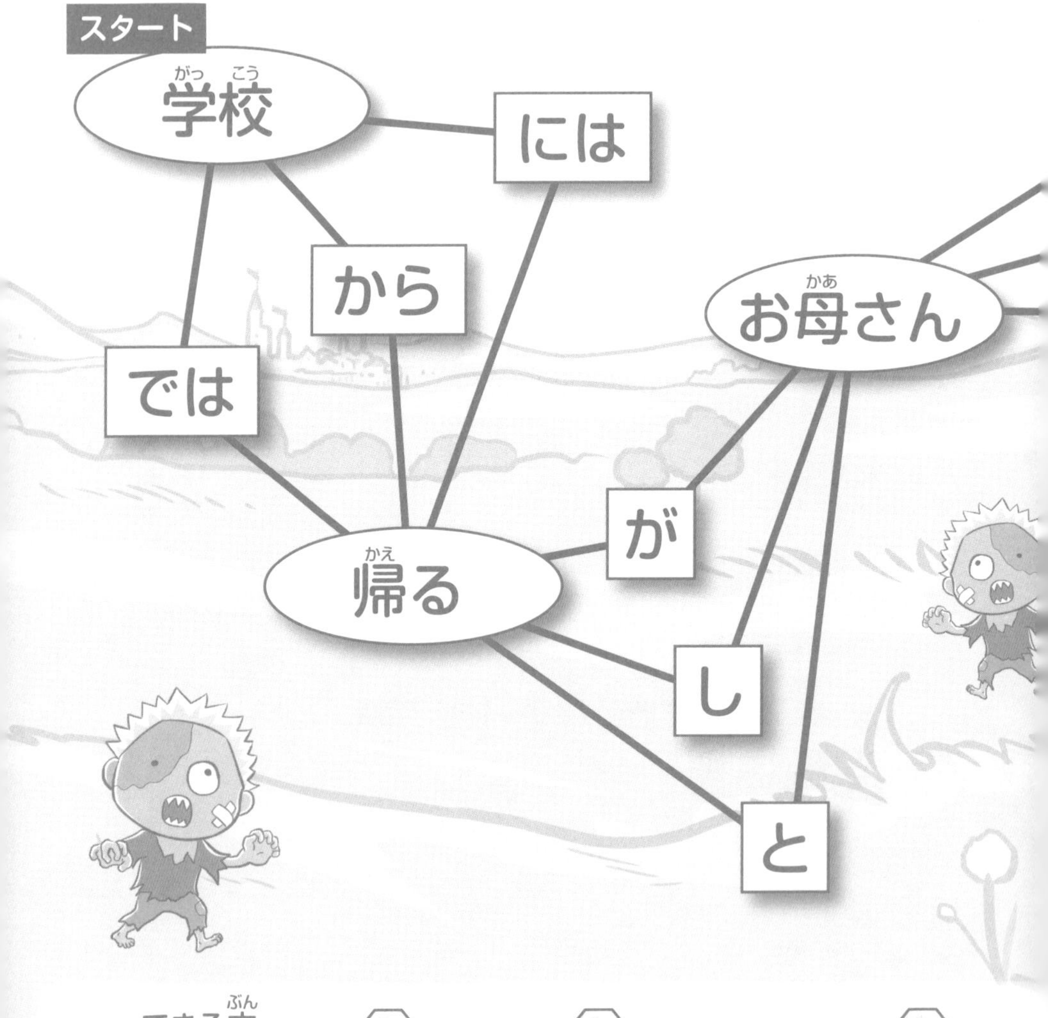

スタート

学校

には

から

では

お母さん

が

帰る

し

と

できる文

学校［　　　］帰る［　］お母さん［　］

スタートからゴールまで、正しい文になるように道を進んで、文を完成させましょう。

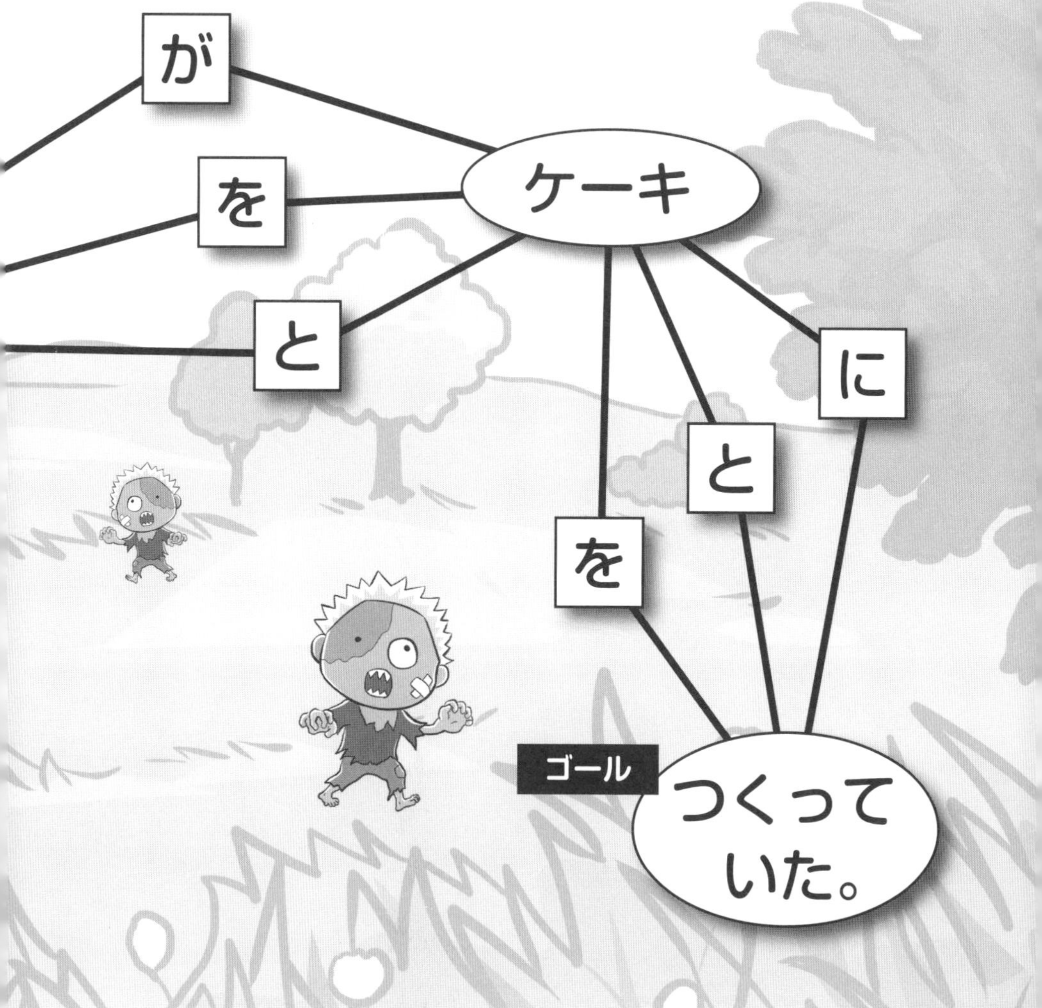

が

を

と

ケーキ

に

と

を

ゴール

つくっていた。

ケーキ□つくっていた。

できたもんだいはクリスタルをぬりつぶそう！

13問 たべもののなまえ

- ① とんかつにそえられている千切りにした野さいは?
- ② 「にんげん」のどれかの文字を「い」にすると野さいの名前になるよ。
- ③ 石やきいもは何をやいたもの?

横のヒント

- ❶ 「いさくは」の文字のじゅん番を入れかえてできる野さいの名前は?
- ❷ これを切るとなみだが出てくるね。
- ❸ ポテトチップスは何をあげたものかな?

❶
❷
❸
①
②
③

できたもんだいはクリスタルをぬりつぶそう！

14問 おみせ・たてもの

たてのヒント

① かみの毛を切るときに行くのは?

② 手紙を出したり切手を買ったりする場所はどこかな?

③ お金をあずけたりお金を出したりする場所だね。

横のヒント

❶ 病気になったりけがをしたりしたら、ここに行くよね。

❷ 本をかりたり、本を読んだりできる場所だよ。

❸ 旅行に行ったときなどにとまる、ホテルのべつ名だよ。

❶
❷
❸
①
②
③

15問 よみかたことば

できたもんだいはクリスタルをぬりつぶそう！

――線の漢字の読み方をそれぞれ書きましょう。

たてのヒント

① 川音が聞こえる。

② 本日は、よい天気です。

③ 今日は三月十九日だ。

④ 水そうで水草を育てる。

⑤ この店は休日もえい業している。

横のヒント

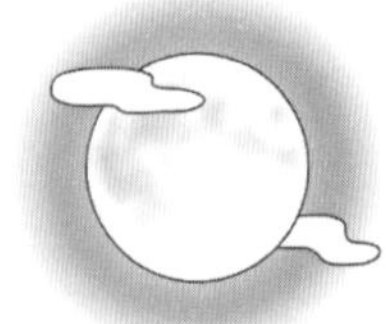

❶ 先生にしつ問する。

❷ おだんごをつくって月見をする。

❸ ここから先は行き止まりだ。

❹ 火口からけむりがのぼっている。

❺ 日本人がたくさん住んでいる国。

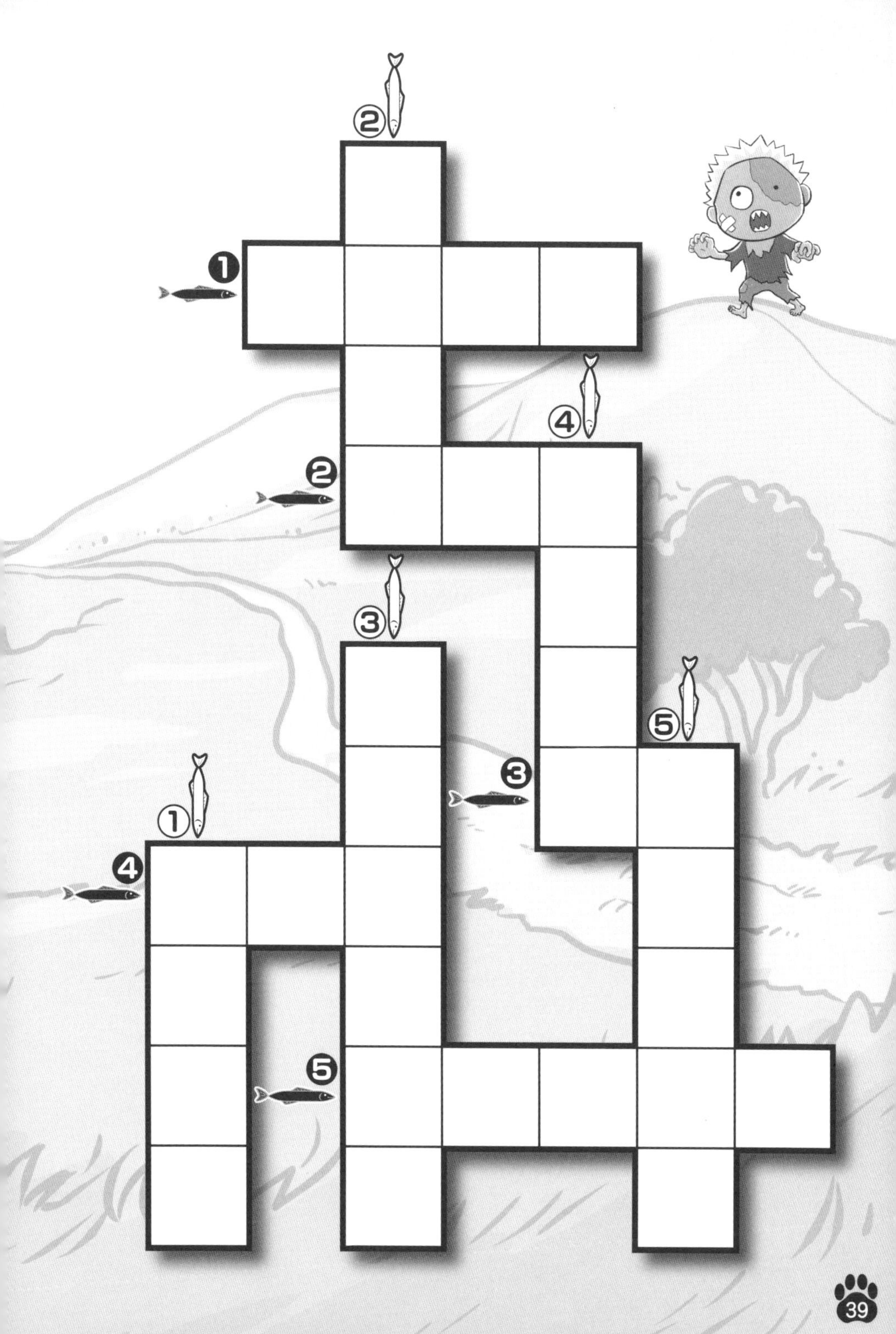

②
❶
④
❷
③
⑤
③
❸
①
❹
❺

16問 なかまのことば

1 次の言葉の中から、なかまの言葉をさがして、・と・を線でつなぎましょう。

ヘビ

クジラ

イルカ

にわとり

トカゲ

2 次の□の言葉とにた意味の言葉を、
下の表からさがしましょう。

◇① かんたんな 問題。→ □□□□ 問題。

◇② おそろしい 話。→ □□□ 話。

◇③ 手で ふれる 。→ 手で □□□ 。

◇④ うつくしい 色。→ □□□ な色。

◇⑤ すこし の時間。 → □□□ な時間。

や	さ	し	い
こ	き	れ	い
わ	ず	か	ま
い	さ	わ	る

できたもんだいはクリスタルをぬりつぶそう！

17問 はんたいのことば

1 次の□の言葉と反対の意味の言葉を書き、□の①～⑦の文字をつないでできた言葉を書きましょう。

❶ [わるい] 点数。 → [①][ ] 点数。

❷ レバーを [おす]。→ レバーを [ ][②]。

❸ 家に [はいる]。→ 家から [③][ ]。

❹ 服を [ぬぐ]。→ 服を [④][ ]。

❺ し合に [かつ]。 → し合に [⑤][ ][ ]。

❻ [あたたかい] 部屋。 → [ ][ ][⑥][ ] 部屋。

❼ [あつい] お茶。 → [ ][ ][⑦][ ] お茶。

[ ][ ][ ][ ][ ][ ][ ]

2 次の□の言葉と反対の意味の言葉を、下の表からさがしましょう。

◇① 人が おおい 。→ 人が □□□□ 。

◇② 力が つよい 。→ 力が □□□ 。

◇③ ごご に出かける。→ □□□ 中に出かける。

◇④ すき な野さい。→ □□□ な野さい。

◇⑤ あつい 本。→ □□□ 本。

あ	き	ら	い
う	す	い	よ
ご	ぜ	ん	わ
す	く	な	い

できたもんだいはクリスタルをぬりつぶそう！

18問 なんでもことば

たてのヒント

① 食べ物をひやすときはどこに入れる?

② ボールの別の言い方だよ。
「〇〇つき」という遊びがあるね。

③「さようなら」を友だちにいう場合などに使う言葉だよ。

④「開け〇〇」というおまじないがあるよ。

横のヒント

❶ 学校のじゅ業が始まるとき、
「き立、〇〇、着せき」っていうよね。

❷「どんぐりころころどんぶりこ」どんぐりは
どこにはまった?

❸「アフリカ〇〇」「インド〇〇」に当てはまる
動物の名前は?

❹ 町で親とはぐれてしまった子どものことだよ。

❺ 水を冷やすと何になるかな?

①
③
❶
②
❸
②
④
④
❺

できたもんだいはクリスタルをぬりつぶそう！

19問 よみかたことば

――線の漢字の読み方をそれぞれ書きましょう。

◇ ① このテレビ<u>番組</u>はおもしろい。
◇ ② 車が<u>林道</u>を走る。
◇ ③ <u>図書</u>館に行こう。
◇ ④ 歩いて<u>通学</u>する。
◇ ⑤ 兄とわたしのお金は、<u>合計</u>で 2,000 円だ。

横のヒント

◇ ❶ 遠足の<u>当日</u>は晴れた。
◇ ❷ <u>金魚</u>にえさをやる。
◇ ❸ <u>教室</u>で本を読む。
◇ ❹ 元気な<u>歌声</u>が聞こえる。
◇ ❺ <u>電力</u>で動く車に乗る。

❶
❷
❸
❹
❺
①
②
③
④
⑤

できたもんだいはクリスタルをぬりつぶそう！

20問 よみかたことば

——線の漢字の読み方をそれぞれ書きましょう。

① 葉書に切手をはる。

② 妹と公園に行く。

③ 数字を書く練習をする。

④ 国語の教科書を読む。

⑤ 少女まんがを読む。

横のヒント

❶ 今日の日直はわたしだ。

❷ 手話を使って気持ちをつたえる。

❸ 今週の日曜日は野球をする予定だ。

❹ 自分のものに名前を書く。

❺ テストの点数がよかった。

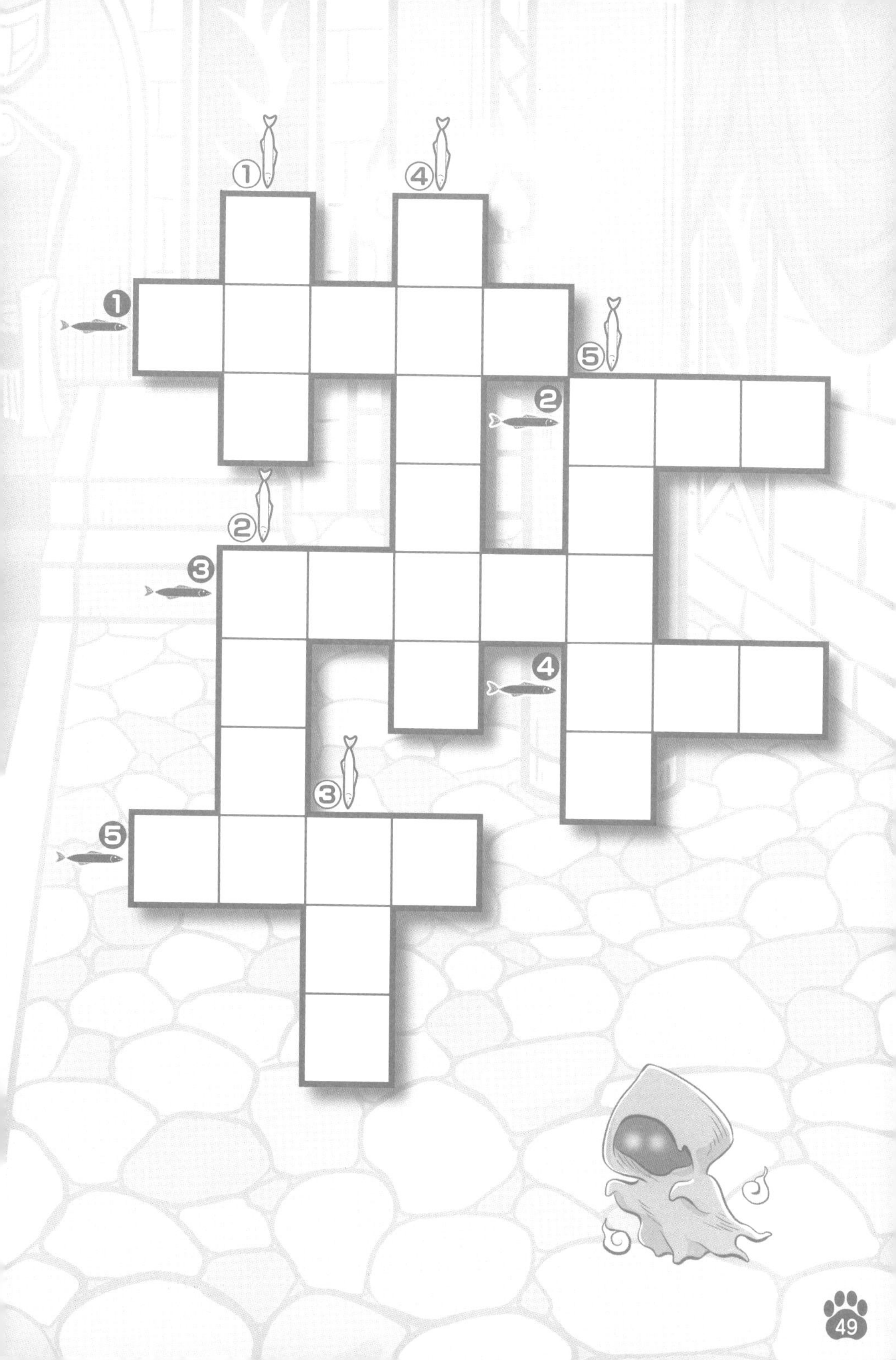
①
④
❶
⑤
❷
②
❸
❹
③
❺

できたもんだいはクリスタルをぬりつぶそう！

21問 なかまのことば

次のきせつにかん係のある言葉を右の表からさがしましょう。

◇① 春　この花がさくと花見をするよ。

◇② 夏　海水よく場で「〇〇〇わり」をするね。

◇③ 秋　お月見をするのはこの日の夜だよね。

◇④ 冬　ここに足を入れると温かいね。

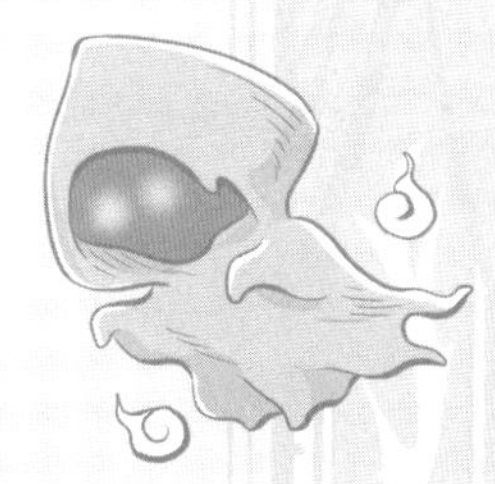

じ	ゅ	う	ご	や
な	さ	く	ら	ら
め	ば	す	も	こ
ろ	ら	い	ち	た
ん	め	か	ん	つ

22問 なかまのことば

次のせつ明に合う「なかまの言葉」を、右の表から2つずつさがしましょう。

◇① 野さいのなかま

□□□□　□□□

◇② りく上の生き物のなかま

□□□　□□□

◇③ 海の生き物のなかま

□□□　□□

◇④ 空をとぶ生き物のなかま

□□□　□□

ぱ	ん	だ	く	さ
も	と	か	つ	お
れ	ん	こ	ん	と
あ	び	た	い	ま
き	つ	ね	は	と

できたもんだいはクリスタルをぬりつぶそう！

23問 はんたいのことば

◇①「駅からとおい」の反対は「駅から○○○」だよ。

◇②「さいご」の反対は「○○○○」だね。

◇③「ほそい」の反対は「○○○」だね。

◇④「しんぱい」の反対は「○○○○」。

◇⑤「し合にかつ」の反対は「し合に○○○」。

横のヒント

◇❶ 店が開く時間は「かいてん時間」。では閉まる時間は?
→「○○○○時間」

◇❷「くらい部屋」の反対は「○○○○部屋」だよ。

◇❸ 曲がった線は「きょくせん」。
では、まっすぐな線は何という?

◇❹「まんぞく」の反対は「○○○」だね。

◇❺「あに」の反対は「おとうと」。
では、「あね」の反対は?

②
⑤
❶
④
①
❷
❸
③
❹
❺

24問 ことばさがし

次のヒントに当てはまる言葉を、
右の表からさがして書きましょう。

◇ ①「たのしいひなまつり」の歌であかりをつけるのはどこ?

◇ ② 鳥などを追いはらうため田んぼに立っている人形を何という?

◇ ③「めいじ」「たいしょう」「しょうわ」「〇〇〇〇」「れいわ」、〇に入る言葉は?

◇ ④ おにぎりの具になる赤くてすっぱい食べ物だよ。

◇ ⑤ 犬やサル、キジを連れて、おにたいじをしたのは?

◇ ⑥ 水にうかんで、すべるように進むことができるこん虫は?

◇ ⑦ 海の中でゆらゆらゆれる植物で、ほしてだしをとるときに使うよ。

◇ ⑧ 体中からトゲが出ている植物は何かな?

わ	か	あ	き	へ	お
と	り	め	ん	い	か
さ	こ	ん	た	せ	か
ぼ	ん	ぼ	り	い	か
て	ぶ	う	め	ぼ	し
ん	も	も	た	ろ	う

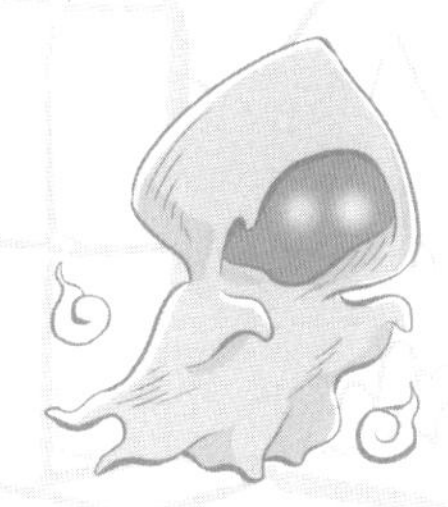

① □□□□

② □□□

③ □□□□

④ □□□□

⑤ □□□□□

⑥ □□□□

⑦ □□□

⑧ □□□□

できたもんだいはクリスタルをぬりつぶそう！

25問 よみかたことば

――線の漢字の読み方をそれぞれ書きましょう。

◇① つくえの上に地図を広げる。

◇② この本は大切なたから物だ。

◇③ お母さんは歌が上手だ。

◇④ 兄は来年から高校生だ。

◇⑤ 学校で算数の勉強をする。

横のヒント

◇❶ つめたい北風がふいている。

◇❷ 遠足の日は晴天だった。

◇❸ 高原のきれいな空気をすいこむ。

◇❹ 頭上に注意して歩きましょう。

◇❺ 集まった人は少数だった。

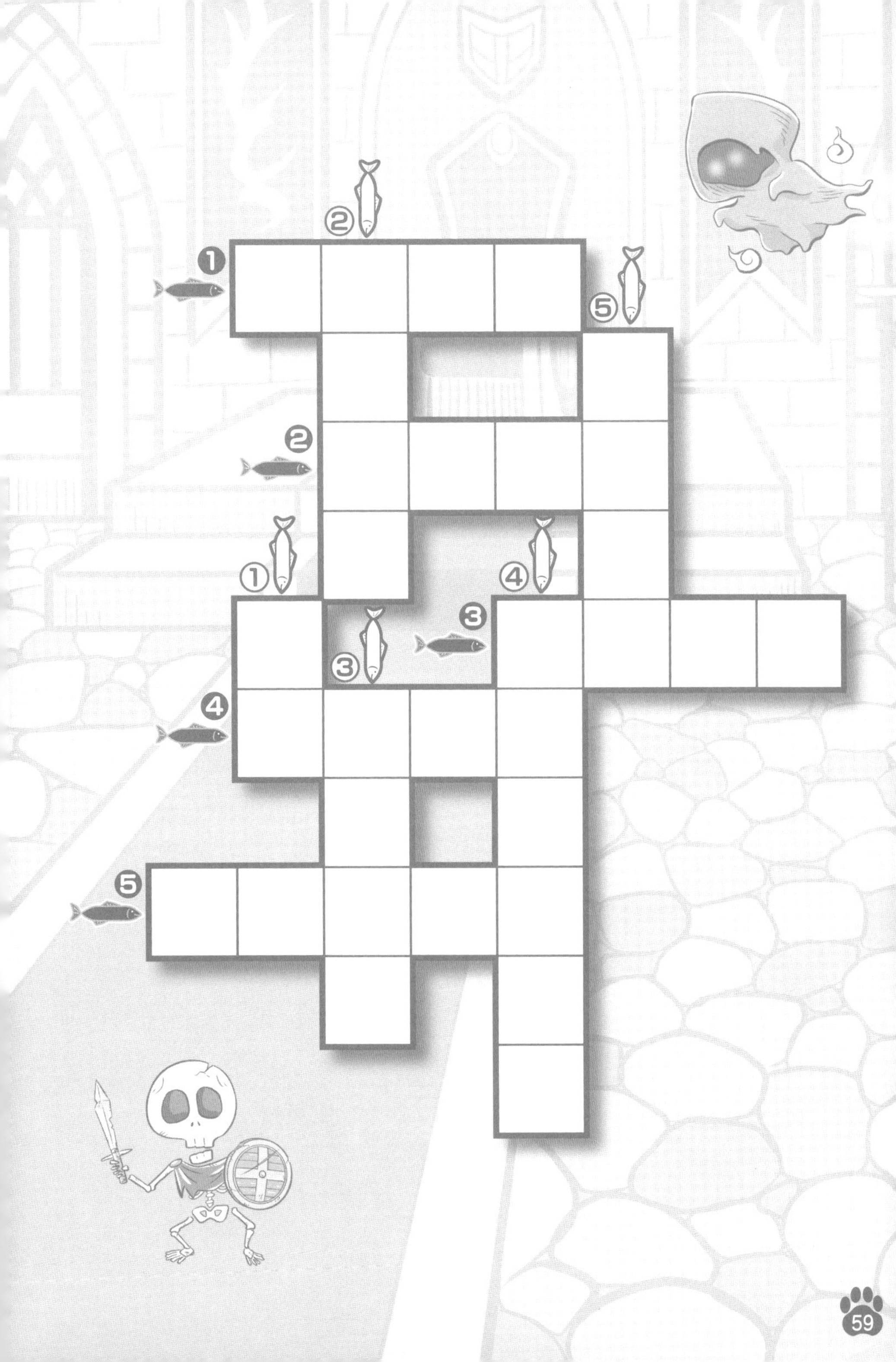

❶
❷
❸
❹
❺
①
②
③
④
⑤

できたもんだいはクリスタルをぬりつぶそう

26問 よみかたことば

——線の漢字の読み方をそれぞれ書きましょう。

◇ ① 元日は家族といっしょにすごす。

◇ ② クレヨンで画用紙に絵をかく。

◇ ③ 空に雨雲が広がってきた。

◇ ④ 寒いので室内で遊ぼう。

◇ ⑤ 公園で友だちに会う。

横のヒント

◇ ❶ すきな音楽をきく。

◇ ❷ 午後からお父さんと外出します。

◇ ❸ 晴れている日は気分がいい。

◇ ❹ ノートに名前を書く。

◇ ❺ 夏山に美しい花がさいているよ。

できたもんだいはクリスタルをぬりつぶそう！

27問 くりかえしのことば

（れい）にならって、右の表にある2文字を2回くり返して、次の文の□に当てはまる4文字の言葉をつくりましょう。

（れい）聞こえないように ひそひそ と話す。

◇①声をひそめて□□□□と泣く。

◇②毎日□□□□と努力を続ける。

◇③きんちょうでむねが□□□□する。

◇④氷の上は□□□□とすべる。

◇⑤ボールが□□□□と転がる。

◇⑥プールを□□□□と泳ぐ。

◇⑦のどが□□□□にかわく。

◇⑧星が□□□□とかがやく。

ひ	そ	が	ん	ど	か
げ	そ	り	す	か	つ
ぎ	と	ど	や	ら	る
み	ず	き	わ	い	し
す	そ	く	き	む	く
い	こ	つ	ら	こ	ろ

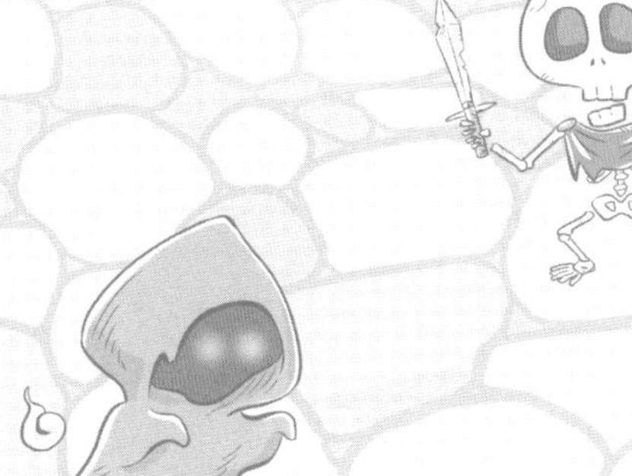

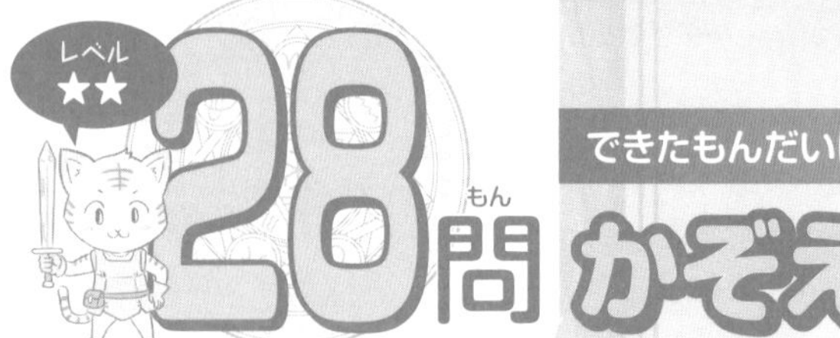

できたもんだいはクリスタルをぬりつぶそう！

28問 かぞえることば

（れい）にならって、次の文にある数を数えるときに使う言葉を右の表からさがしましょう。

（れい）男の人が3 |に|ん| いる。

◇① 葉っぱが2 □□ 出てきた。

◇② かんジュースが5 □□ ある。

◇③ イチゴを1 □□ 口に入れる。

◇④ 1 □ の鳥がとんでいる。

◇⑤ 2 □□ のカバが水を飲んでいる。

◇⑥ 歌を3 □□□ 歌う。

◇⑦ カブトムシを5 □□ 育てている。

◇⑧ 電車は5 □□□ へんせいだ。

に	ん	り	ょ	う
と	ち	ゃ	く	ま
う	き	わ	ひ	ほ
つ	ょ	ろ	き	ん
ぶ	く	ま	い	れ

29問 つなぎことば

できたもんだいはクリスタルをぬりつぶそう！

（れい）にならって、次の文と文をつなぐ言葉を右の表からさがしましょう。

（れい） ゲームをする？ [そ][れ][と][も]、外で遊ぶ?

① 雲が出てきた。[ ][ ][ ]、雨もふりだした。

② 足がいたい。[ ][ ]、がんばって歩こう。

③ あの人はお父さんのお兄さん。[ ][ ][ ]、ぼくのおじさんだ。

④ 電車、[ ][ ][ ]バスを使って行こう。

⑤ 学校を休んだ。[ ][ ][ ][ ]、かぜをひいたからだ。

⑥ 今日は暑い。[ ][ ][ ]、あせをかいた。

⑦ 少しつかれましたか。[ ][ ]、休けいしましょうか。

それともせ
れつまりん
にれたみだ
ではわか
もなぜなら

できたもんだいはクリスタルをぬりつぶそう！

30問 もじをおえかき

1 次の漢字の中で、4画の漢字のますをぬりつぶして、1文字の漢字をつくりましょう。

用	下	五	口	右
犬	半	文	母	引
中	月	午	手	牛
左	白	公	目	本
切	上	今	女	王
心	日	止	天	火

2 次の漢字の中で、7画の漢字のますをぬりつぶして、1文字の漢字をつくりましょう。

羽	回	会	光	考
何	弟	体	走	声
角	岩	画	行	図
汽	京	国	門	社
近	形	言	谷	作
科	海	用	台	夏

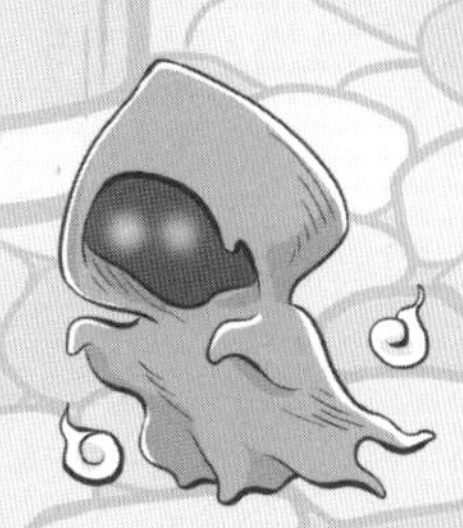

3 2つの漢字を組み合わせて、言葉をつくりましょう。

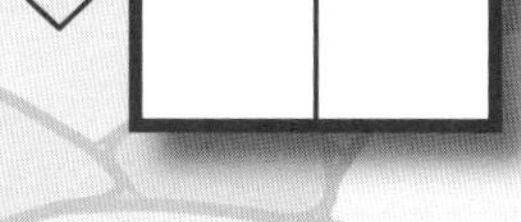

できたもんだいはクリスタルをぬりつぶそう！

31問 よみかたことば

――線の漢字の読み方をそれぞれ書きましょう。

① 足元に注意して歩こう。
② 多数の人が集まった。
③ コンパスで方角を調べる。
④ 科学を勉強する。
⑤ 牛肉を使ってりょう理をつくる。

横のヒント

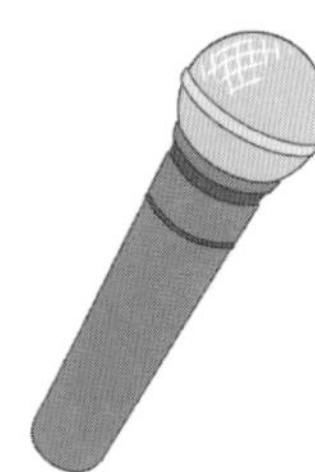

❶ 手で合図する。
❷ 人気の歌手がテレビに出ている。
❸ お母さんは東北地方の生まれだ。
❹ みんなの前で作文を読む。
❺ きれいな谷川が流れる。

できたもんだいはクリスタルをぬりつぶそう！

32問 なんでもことば

- ①時間を知りたいときに見るものは?
- ②「やわらかい」の反対だよ。
- ③たん生日にとるものは何だ?
- ④頭がよいことをべつの言い方にすると?
- ⑤池にすんでいる赤や白のもようの魚は?

横のヒント

- ❶上から読んでも下から読んでも同じ名前の野さいだよ。
- ❷学級会で話し合いをまとめるのは「○○○者」。
- ❸足が10本の海の生き物は何かな?
- ❹具を入れてたいたごはんは「○○○○ごはん」だよ。
- ❺あさり、ほたて、しじみは「○○」のなかまだよ。

レベル★★★

33問 なかまのことば

できたもんだいはクリスタルをぬりつぶそう！

――線の言葉ににた意味になるように

□の文字のじゅん番を入れかえて、言葉をつくりましょう。

たてのヒント

① ぼくのだいじな本だ。 いつたせ

② 家族の写真をとる。 すうつ

③ ちこくしたわけを話す。 ゆうり

④ 草原を自由にはしる。 るけか

⑤ 顔を赤くしてはずかしがる。 るれて

横のヒント

❶ 山道をくだる。 りおる

❷ えいえんに続く。 いゅきうえ

❸ 道具をもちいる。 かつう

❹ はん人をとらえる。 まつるえか

❺ ひみつをうちあける。 すかあ

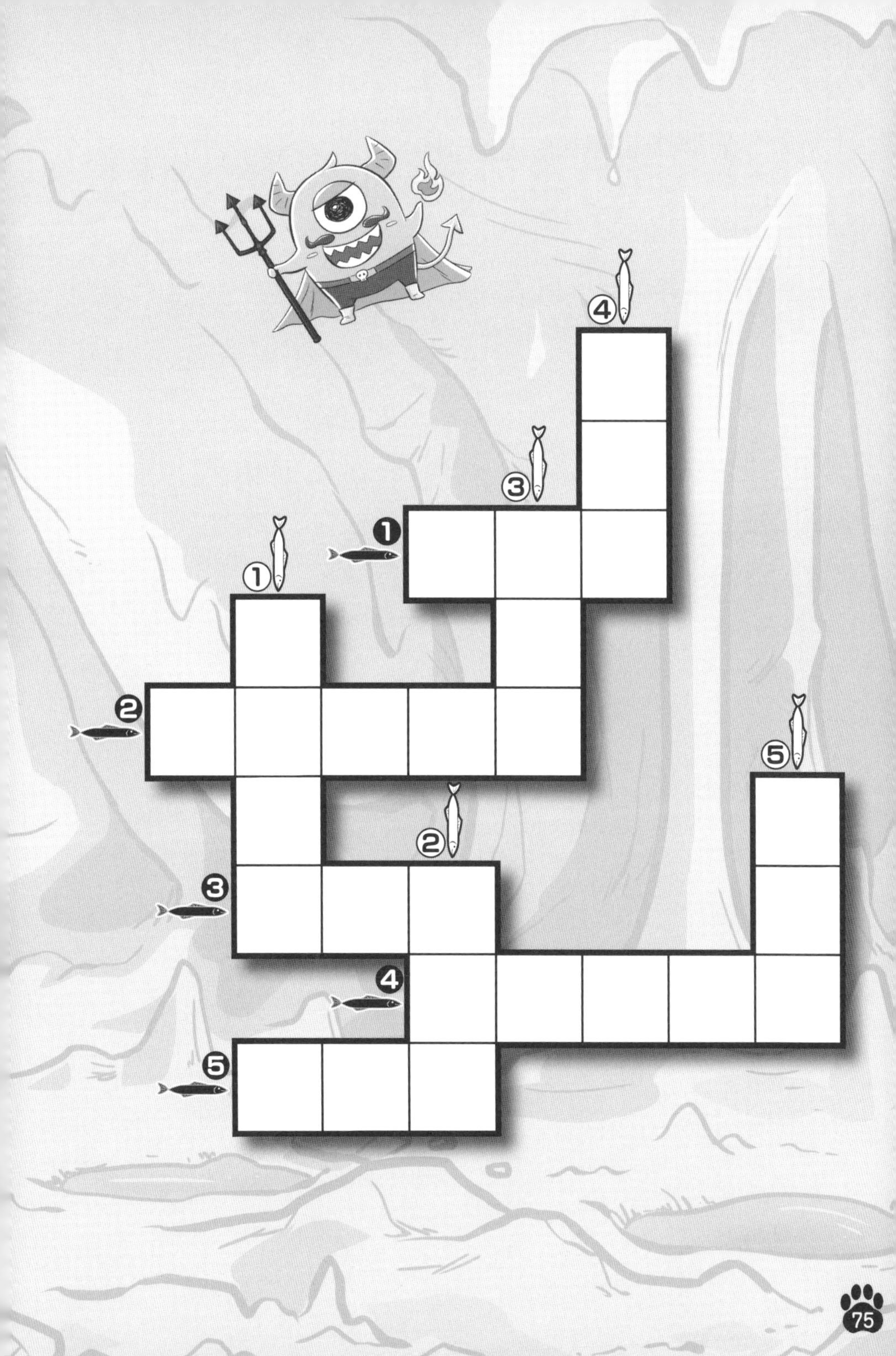

34問 はんたいのことば

できたもんだいはクリスタルをぬりつぶそう！

次のヒントを手がかりにして、右の表に反対語を入れましょう。

たてのヒント

① 学校に行けば「しゅっせき」。では、休めば?
② いらないことは「ふよう」。いることは何という?
③「人がおおい」の反対は、「人が〇〇〇〇」だね。
④ 大きなゾウは「おもい」。では小さなアリなら?
⑤ 手をあらわないと「ふけつ」。手をあらうと「〇〇〇〇」。

横のヒント

❶「じゃんけんにまける」の反対は、「じゃんけんに〇〇」。
❷「あつい本」と反対なのは「〇〇〇本」だね。
❸「みじかい」の反対は?
❹「実けんにせいこう」の反対は、「実けんに〇〇〇〇」。
❺ 夜には「ねる」。では、朝にはどうする?

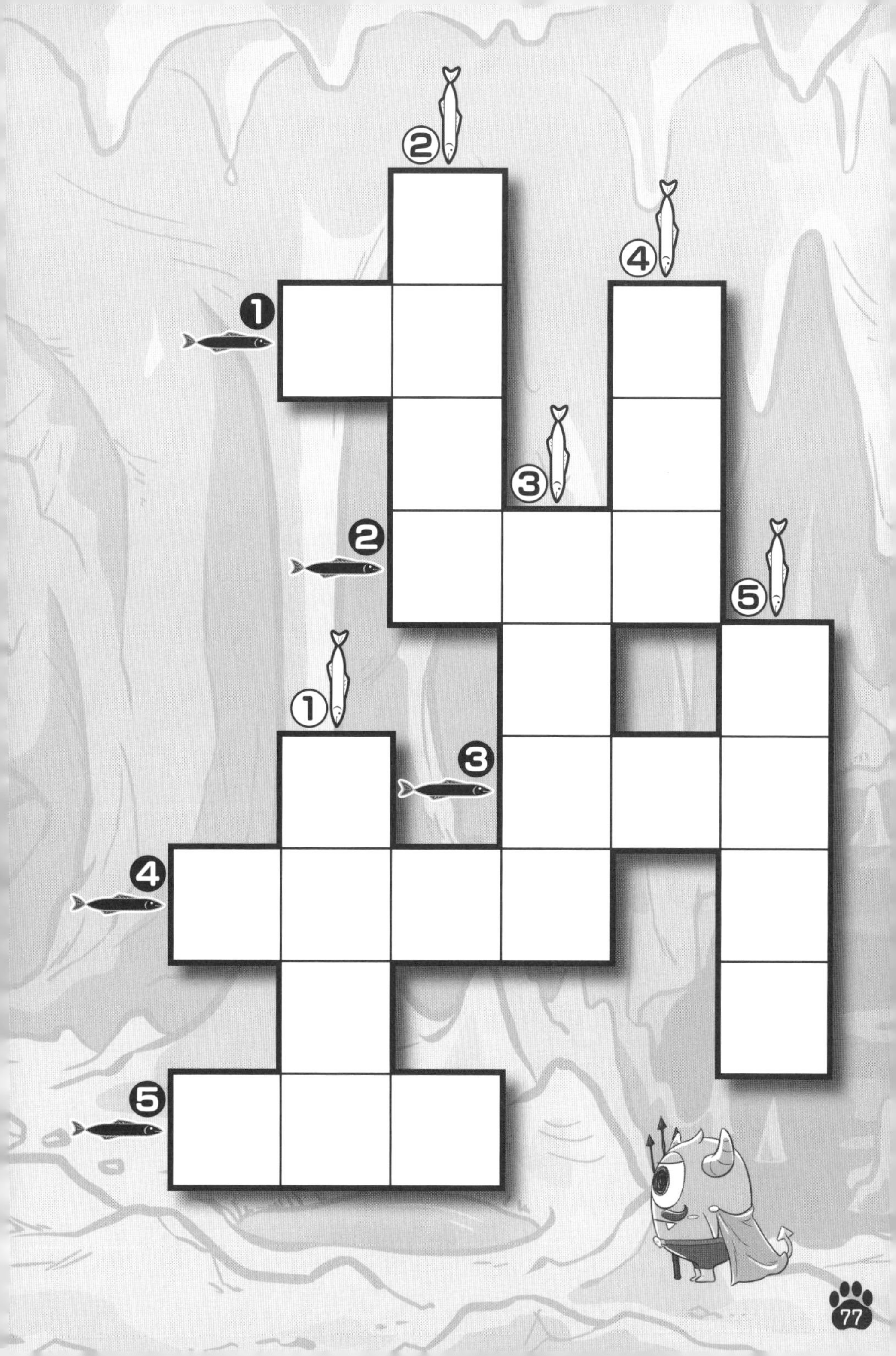

2
4
1
3
2
5
1
3
4
5

できたもんだいはクリスタルをぬりつぶそう！

35問 ことわざ

次の □ の中の文字のじゅん番を入れかえて、ことわざを完成させましょう。

たてのヒント

◇ ① 三つ子の しいまた 百まで
◇ ② 頭 してくか しりかくさず
◇ ③ ぬい も歩けばぼうに当たる
◇ ④ ういこか 先に立たず
◇ ⑤ ねこに ばんこ

横のヒント

◇ ❶ うそも べんほう
◇ ❷ とらぬ きたぬ の皮算用
◇ ❸ いいわか 子には旅をさせよ
◇ ❹ ししばい をたたいてわたる
◇ ❺ 金は かてん の回り物

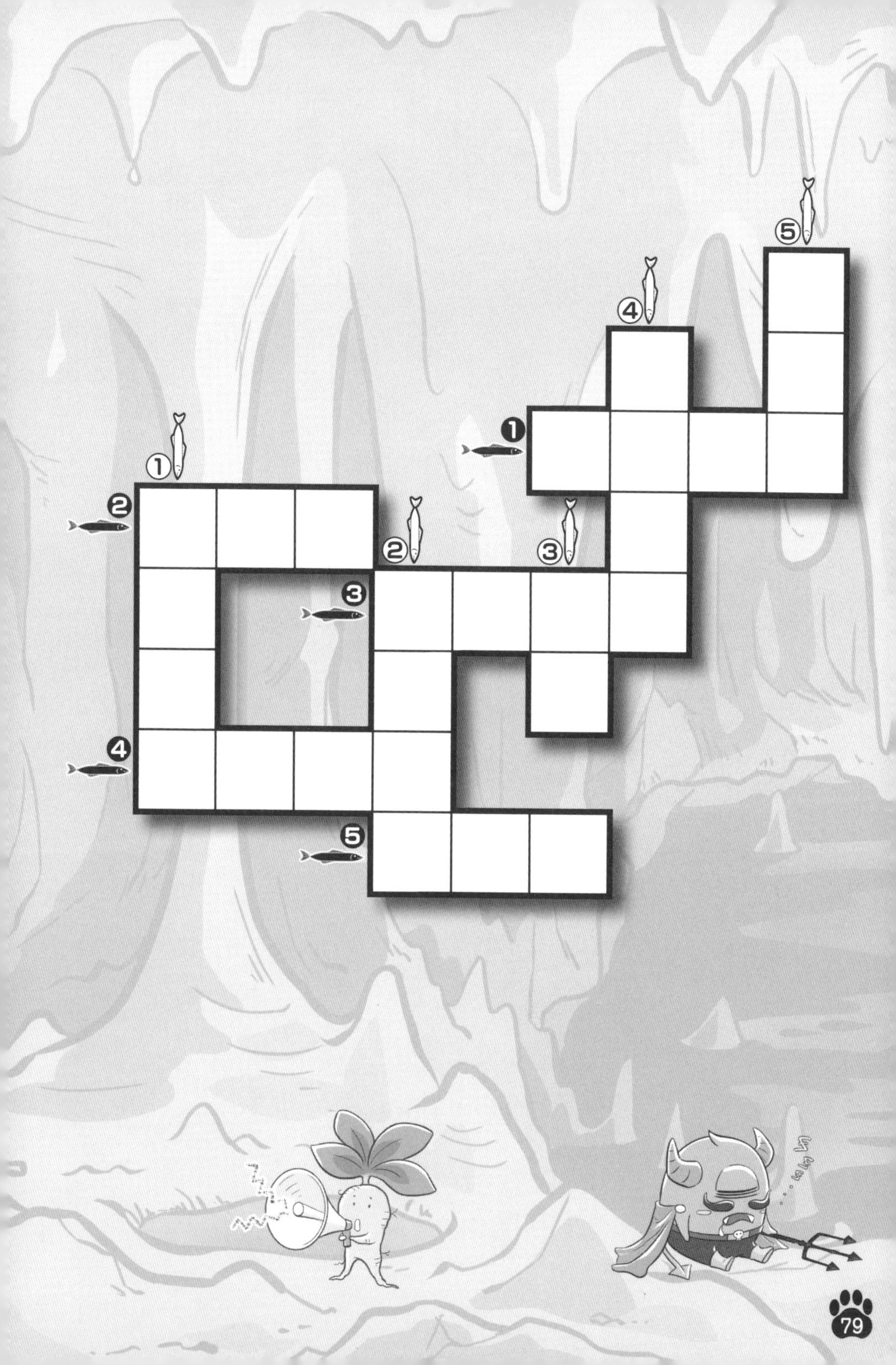

36問 スポーツなかま

次のスポーツの名前をそれぞれカタカナで書きましょう。

たてのヒント

① ラケットを持って、羽根のついたシャトルを打ち合うスポーツだよ。

② ラケットを持って、ボールを打ち合うよ。

③ ひとりだけ手を使ってもいいスポーツは?

④ だ円形のボールを使うスポーツだよ。前にパスしてはだめというルールがあるよ。

⑤ ボールを転がして 10 本のピンをたおすのは?

横のヒント

❶ 「○○○○○ボール」では、ボールを持って3歩歩いたら反則だよ。

❷ 弓矢を使ったオリンピック種目だよ。

❸ 長いきょりを走るスポーツ。42.195 キロメートルも走るよ。

❹ レシーブ、トス、アタックといえば「○○○ボール」だよね。

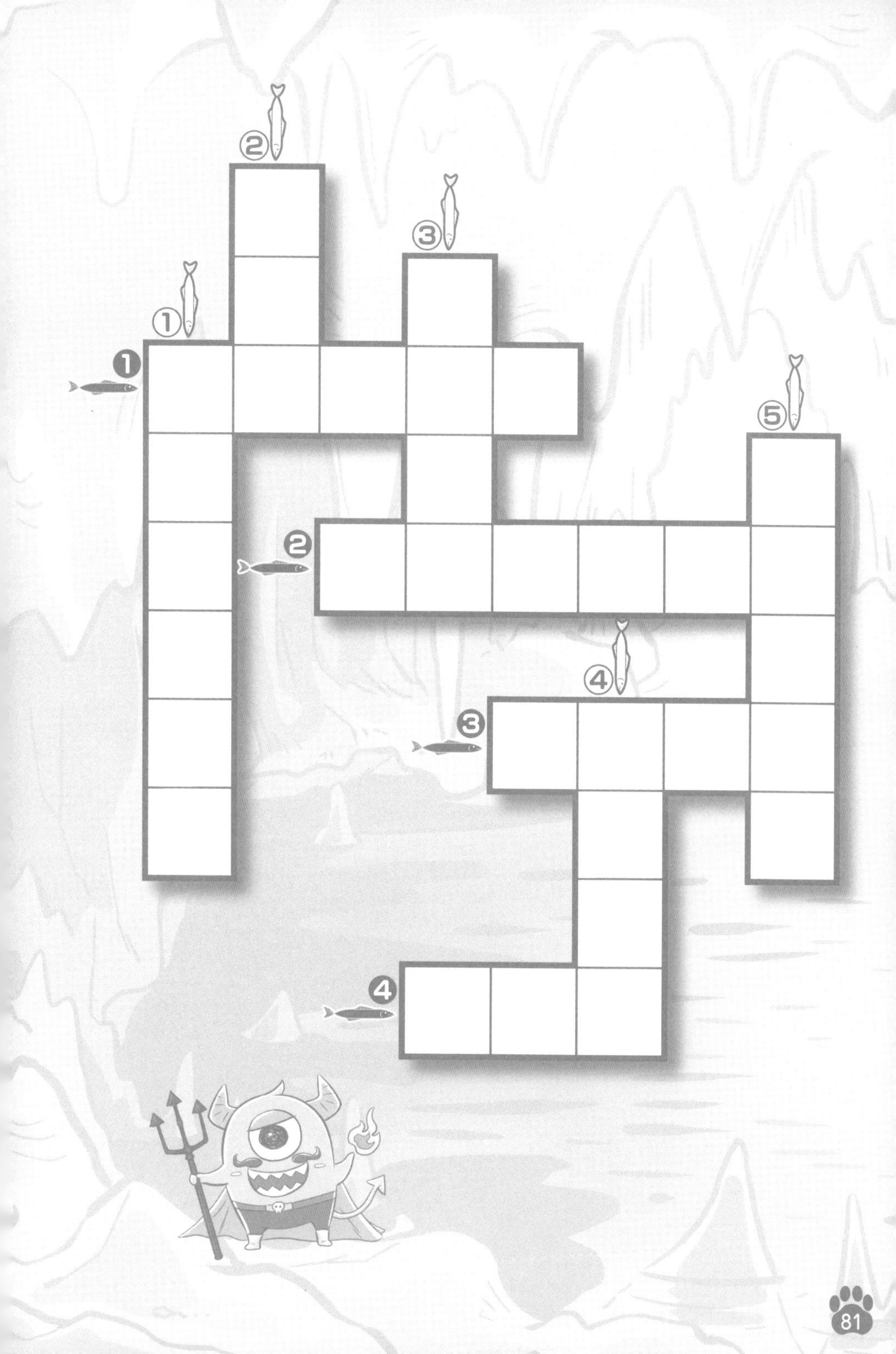

①
②
③
⑤
④
❶
❷
❸
❹

レベル★★★

できたもんだいはクリスタルをぬりつぶそう！

37問 よみかたことば

――線の漢字の読み方をそれぞれ書きましょう。

たてのヒント

◇① 風速20メートルの風がふく。

◇② 湖の上にボートがうかんでいる。

◇③ 三角形の角度をはかる。

◇④ 店に商品をならべる。

◇⑤ 通学路を友だちと歩く。

横のヒント

◇❶ 地図帳で自分の町をさがす。

◇❷ このおかしは風味がよい。

◇❸ この話は真実です。

◇❹ ふうふで苦楽をともにする。

◇❺ ヨットは風を動力にする。

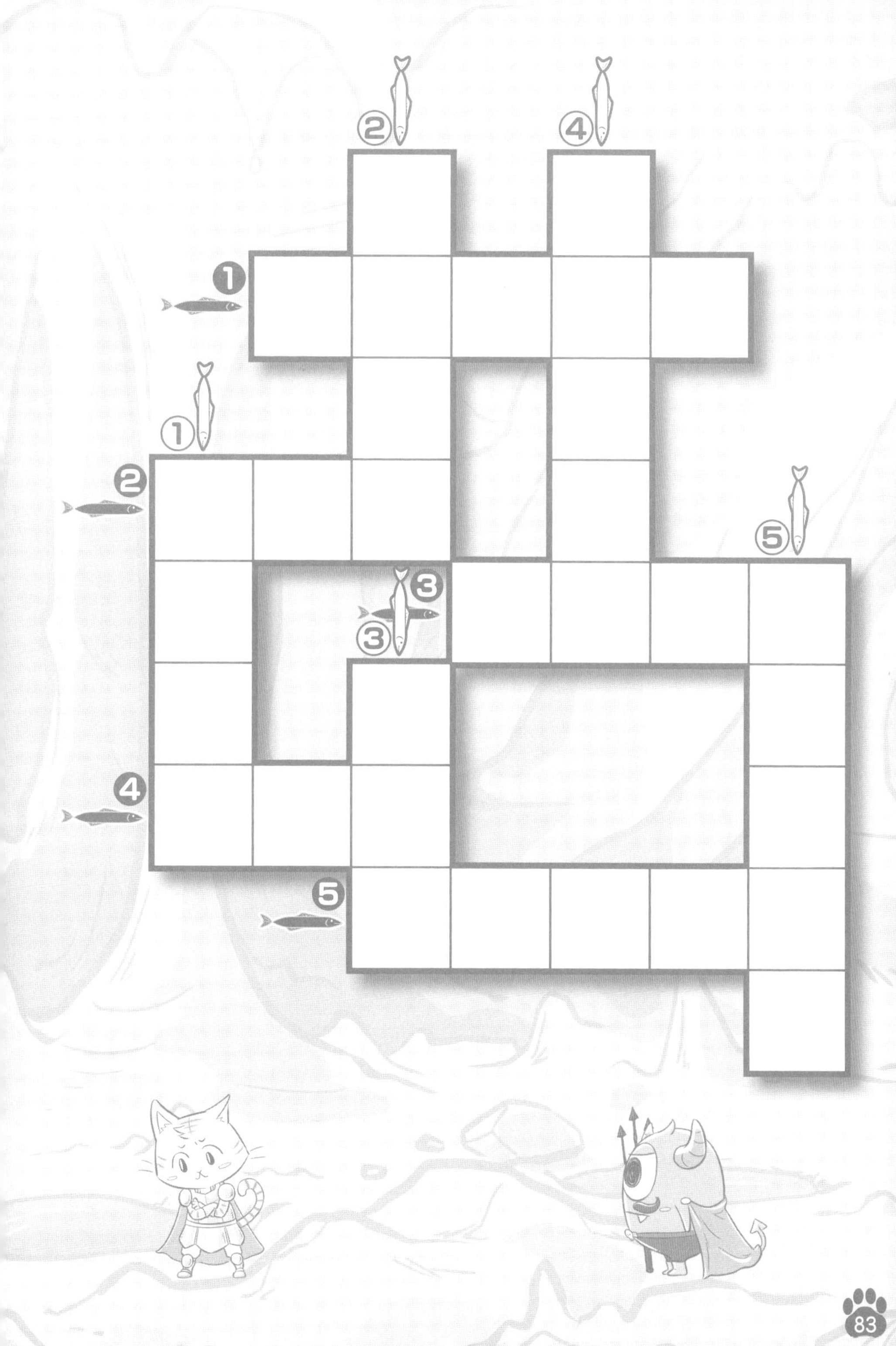

①
②
③
④
⑤
❶
❷
❸
❹
❺

できたもんだいはクリスタルをぬりつぶそう！

38問 よみかたことば

——線の漢字の読み方をそれぞれ書きましょう。

たてのヒント

◇ ① 空に暗雲が広がっている。

◇ ② お昼に公園に集合しよう。

◇ ③ 自分自身の考えを言う。

◇ ④ なやみを友だちに相談する。

◇ ⑤ 先頭の車両に乗る。

横のヒント

◇ ❶ お父さんは歯科医です。

◇ ❷ 家族の幸福をいのる。

◇ ❸ リレーの走者に選ばれる。

◇ ❹ 道路上で遊んではいけない。

◇ ❺ お母さんがいると安心感がある。

❶
❷
❸
❹
❺
①
②
③
④
⑤

レベル ★★★

39問 どうわのなかま

できたもんだいはクリスタルをぬりつぶそう！

◇① うそばかり言う少年は「○○○○少年」だよ。

◇② おおかみに食べられたおばあさんを助ける女の子の話は「○○○○○ちゃん」だね。

◇③「ぶんぶく○○○○」はたぬきが主人公だよ。

◇④「王様の耳は○○の耳」。何の耳？

◇⑤「みにくいアヒルの子」は大きくなると何になる？

横のヒント

◇❶「花さかじいさん」がさかせたのは何の花？

◇❷ まさかりをかついでおにたいじしたのはだれ？

◇❸「一すんぼうし」は何に乗って川を下った？

◇❹ シンデレラは「○○○○の馬車」に乗っていたよ。

◇❺ うら島太ろうがりゅう宮じょうでもらってきたのは？

レベル ★★★

40問 カタカナことば

できたもんだいはクリスタルをぬりつぶそう！

カタカナで書きましょう。

◇ ① 夏休みの朝早く「〇〇〇体そう」をする。

◇ ② テレビのチャンネルを変えるときは何を使う?

◇ ③ ♠、♦、♣、♥のマークがついているカードゲームだよ。

◇ ④ サラダにかける調味りょうは?

◇ ⑤ 日光をさえぎるためまどにつけるものだよ。

横のヒント

◇ ❶「アラジンと魔法の〇〇〇」という物語があるね。

◇ ❷ 4年に一度、パラリンピックといっしょに開かれるスポーツ大会は?

◇ ❸ キャンプに行ったら何の中でねるかな?

◇ ❹ パンにハンバーグをはさんだ食べ物だよ。

◇ ❺「パーソナルコンピューター」を短くして何とよぶ?

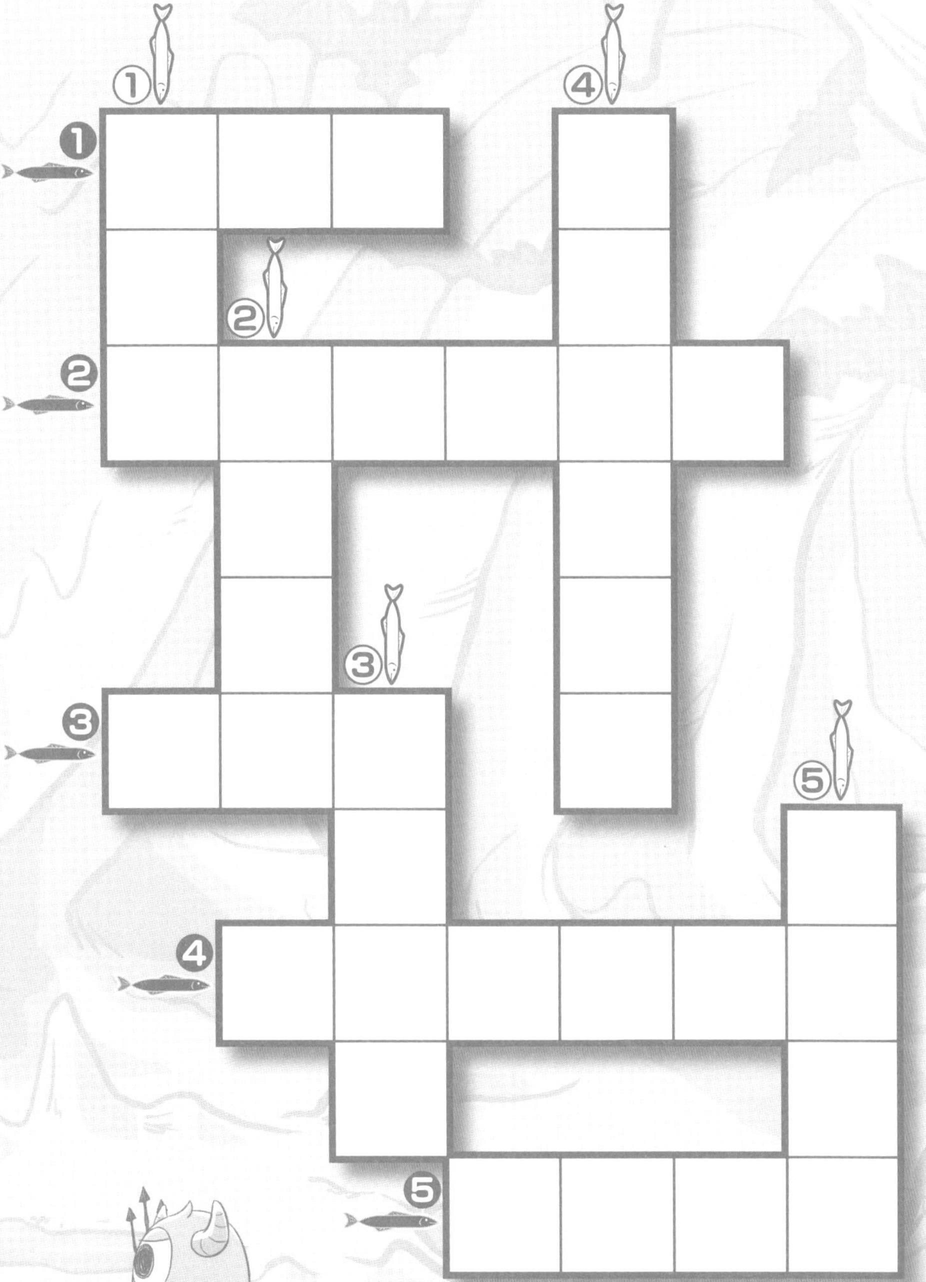

41問 がっこうなかま

たてのヒント

◇①学校の歌だよ。

◇②「げこう」と「とうこう」。学校に行くのは?

◇③じゅ業が終わった後の時間を何という?

◇④体育をするときに使う広いたて物は?

◇⑤学校の先生がいる部屋を何という?

横のヒント

◇❶リレーやときょう走、玉入れなどをする学校のスポーツの大会は「○○○○会」だよ。

◇❷学校で、外で体育をするときに使う場所は?

◇❸先生がチョークで文字を書くものは何かな?

◇❹学校でけがをしたり具合が悪かったりしたときはどこへ行くかな?

◇❺1週間に勉強する科目をまとめて表にしたものは「○○○○○表」だよね。

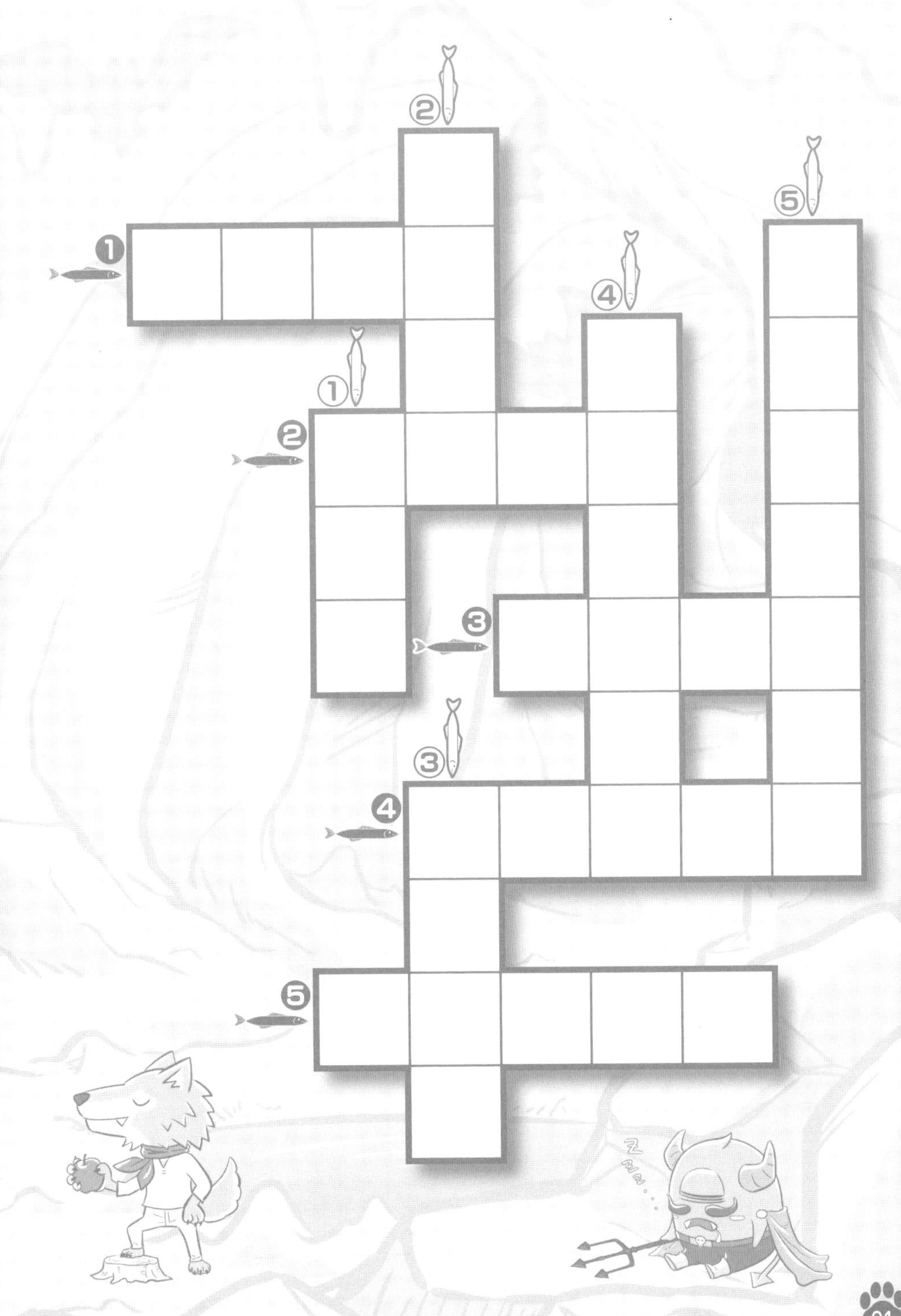

❶
①
❷
②
❸
③
❹
④
❺
⑤

レベル★★★

できたもんだいはクリスタルをぬりつぶそう！

42問 まちなかなかま

たてのヒント

◇① ビルをたてていると中の場所は「○○○げん場」っていうよ。

◇② 青と黄色と赤の3色の電きゅうがつくよ。

◇③ ブランコやすな場などがあるみんなの場所だよ。

◇④ 道路をわたるときはここをわたろうね。

◇⑤ 公園などにあって、水がきれいにふき上がるよ。

横のヒント

◇❶ 落とし物をひろったらどこに行く?

◇❷ 道と道がまじわったところだね。

◇❸ 川などがあふれないように、土やコンクリートなどで高くした場所は?

◇❹ はつもうではお寺やここに行くよね。

レベル★★★

43問 よみかたことば

できたもんだいはクリスタルをぬりつぶそう！

——線の漢字の読み方をそれぞれ書きましょう。

たてのヒント

- ◇ ① 虫歯を予ぼうする。
- ◇ ② なめらかな曲線。
- ◇ ③ 列車で旅をする。
- ◇ ④ 詩集を音読する。
- ◇ ⑤ 去年の思い出を作文に書く。

横のヒント

- ◇ ❶ 新聞紙を広げる。
- ◇ ❷ サッカーの練習をする。
- ◇ ❸ 家にお客さまが来た。
- ◇ ❹ はばとびの着地点。
- ◇ ❺ あみに深海魚がかかった。

①
④
③
②
⑤
1
2
3
4
5

レベル ★★★

44問 なかまのことば

できたもんだいはクリスタルをぬりつぶそう！

次のカタカナの言葉とにた意味の言葉を［　］の文字のじゅん番を入れかえてつくりましょう。

たてのヒント

◇①クラス　っがうゅき
◇②ポーズ　いせし
◇③スポーツ　どんうう
◇④ピンポン　きたうゅっ

横のヒント

◇❶ミュージック　んがおく
◇❷フライデー　んびうよき
◇❸オート　じうど
◇❹ボディー　いたどう
◇❺カメラ　きゃんしし
◇❻サンダル　りうぞ

45問 はんたいのことば

できたもんだいはクリスタルをぬりつぶそう！

次の——線の言葉と反対の意味の言葉を□からえらび、その読み方を書きましょう。

たてのヒント

① ぼくの長所はやさしいところだ。
② 寒中見まいを送る。
③ 川の上流で魚をつる。
④ 明日は休日だ。
⑤ 今日は屋外で遊ぼう。
⑥ みんなの意見に賛成です。

横のヒント

❶ おじいさんは健康だ。
❷ 閉会式をする。
❸ たき火に点火する。
❹ 前方をよく見ましょう。

消火
屋内
病弱
暑中
短所
平日
開会
下流
後方
反対

①
❶
②
③
④
⑤
⑥
❷
❸
❹

46問 かんようく

できたもんだいはクリスタルをぬりつぶそう！

次の意味になるように、□に当てはまる言葉を書いてみよう。

□ があるものは、文字のじゅん番を入れかえてつくろう。

たてのヒント

- ① 人のしっぱいをからかう…「しげあある を取る」
- ② でたらめなこと…「根も葉も○○」
- ③ 同じことばかり聞かされていやになること…「耳に○○ができる」
- ④ 実力をつけること…「うでを がくみ 」
- ⑤ 人の言うことをそのまましんじること…「 のみう にする」

横のヒント

- ❶ つかれること…「足が○○になる」
- ❷ あきれること…「 いたあ 口がふさがらない」
- ❸ ちらりと聞くこと…「 みこみ にはさむ」
- ❹ 大わらいすること…「○○を外す」
- ❺ 安心してねること…「○○○を高くする」

2
5
1
1
3
2
4
3
4
5

できたもんだいはクリスタルをぬりつぶそう！

47問 なんでもことば

ヒントを手がかりに、□に当てはまる言葉を書いてみよう。

たてのヒント

① さとうは「あまい」。わさびは「〇〇〇」ね。
② 教室を出ると何がある?
③「〇〇口県」「おか〇〇県」。〇〇に入る文字は?
④ 多くの魚の体についているかたいものは何かな?
⑤ たまごをわって、そのままやいたりょう理は「〇〇〇やき」だよ。

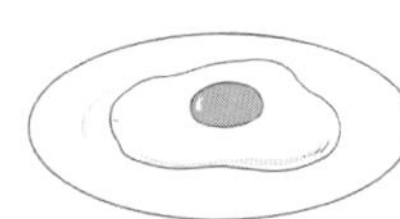

横のヒント

❶ 物語の中で、竹から生まれた女の子は?
❷「みどり〇〇」「き〇〇」「きん〇〇」。〇〇に入る文字は?
❸「けいば」ではどんな動物が走る?
❹「まえ」の反対は?
❺ おぼんに行くのは「お〇〇まいり」だよ。
❻ すわることを「〇〇を下ろす」というよ。

1
3
5
1
2
4
2
3
4
5
6

答え 1問

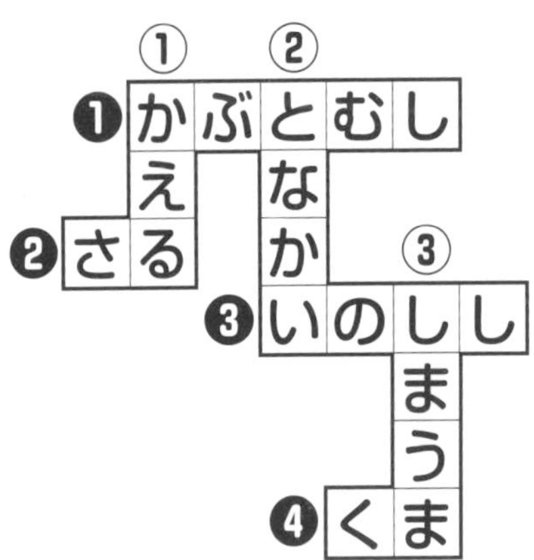

①カエルの子どもは、オタマジャクシとよばれ、魚ににた形でたまごから生まれます。やがて、足が生えたりしっぽがなくなったりして、カエルのすがたにせい長します。

②サンタクロースが乗るそりは、8頭のトナカイが引いているとされています。

③シマウマは、黒い体に白いもようがついて、しまもように見えるのです。

❶カブトムシのうち、角を持っているのはオスだけです。

❷サルのうち、おしりが赤いのはニホンザルなどです。

❸イノシシの子どもは、毛の色や体形が植物の「うり」ににているため、「うりぼう」とよばれています。

❹ヒントは「森のくまさん」という歌の歌しです。

カエルのように、子どものころはえらでこきゅうをして大人になるとはいでこきゅうする生き物を「両生るい」というよ。

答え 2問

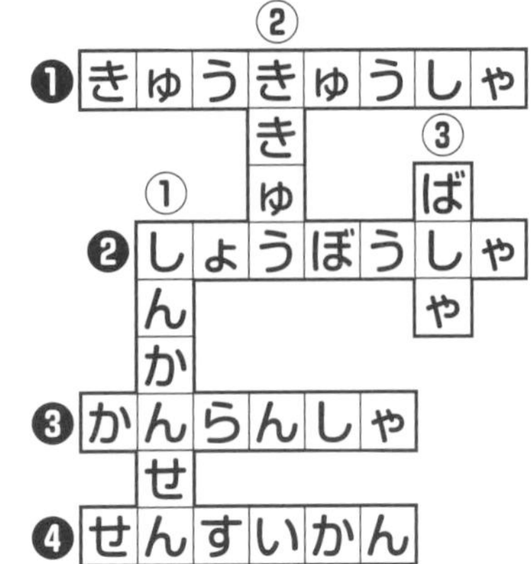

①2019年、日本で使われている電車の中で一番速いのは新かん線です。

②あたためた空気を風船のようなふくろに送ることで空をとぶことができます。

③自動車がないころは、馬が車を引く「馬車」が使われていました。

❶きゅう急車をよぶときは「119番」に電話します。

❷消ぼう車をよぶときも「119番」に電話します。

❸けしきを楽しむ乗り物です。昔の観らん車は人の力で回していたそうです。

❹「せん水かん」は水にもぐることができる乗り物です。

きゅう急車も消ぼう車もよぶときは「119番」なので、電話するときには、病気なのか火事なのかしっかりつたえよう。

答え 3問

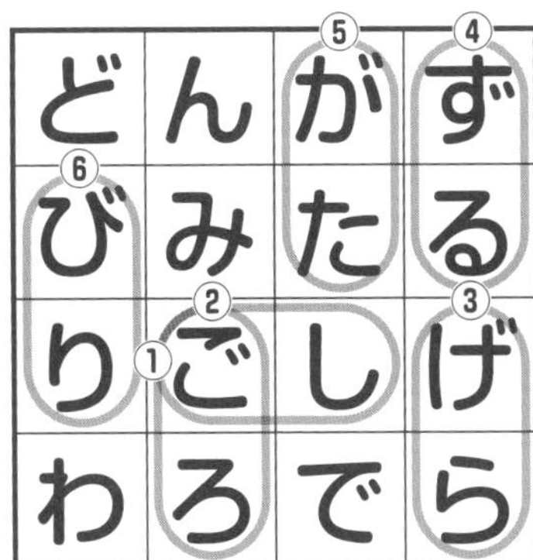

①「ごしごし」は、強くあらう様子を表す言葉です。

②「ごろごろ」は、かみなりが鳴る音を表した言葉です。

③わらい方を表す言葉には、「くすくす」「にやにや」「にこにこ」などがあります。

④めんをすすって食べる様子は、「つるつる」ということもあります。

⑤「がたがた」は、「寒くてがたがたする」というように、ふるえる様子を表します。

⑥「びりびり」は、手でやぶる様子を表します。はさみで切るときは「ちょきちょき」などといいます。

同じ「ごろごろ」でも、音が鳴る場合と鳴らない場合があります。かみなりの場合は音がしますが、「家でごろごろする」というときには音がしませんね。

答え 4問

1

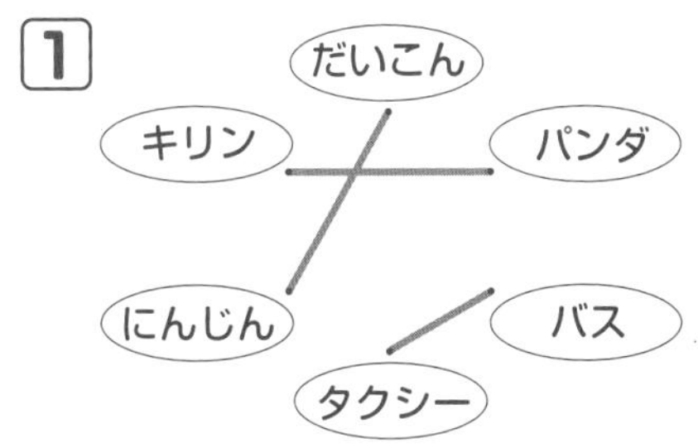

・「だいこん」と「にんじん」は野さいのなかまです。

・「パンダ」と「キリン」は動物のなかまです。

・「バス」と「タクシー」は乗り物のなかまです。

①「くう」も「食べる」もどちらも体の中に食べ物を取り入れる様子を表す言葉です。

②「うまい」よりも「おいしい」の方がていねいな言い方です。

③「かたづける」も「しまう」も、もとの場所にもどすという意味があります。

④「おもしろい」と「おかしい」は、わらいたくなる様子を表します。

答え5問

1

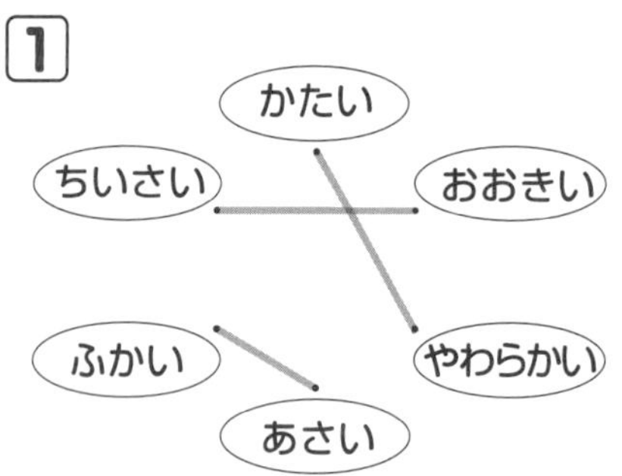

・「かたいパン」「やわらかいパン」のように使う言葉です。
・「大きい」と「小さい」を合わせて「大小」という言葉があります。
・「ふかい川」の反対は「あさい川」です。

2 ❶くだる　❷やすい　❸せまい
❹かるい　❺こい　❻うる

できる言葉 | だ | い | せ | い | こ | う |

❶「のぼる」の反対の言葉には、「しずむ」「おりる」などもあります。
❷ねだんが低いときは「安い」、その反対を「高い」といいます。
❸めんせきが大きいことを「ひろい」、小さいことを「せまい」といいます。
❹持ち上げるのが大変なのは「おもい」もの、楽なのが「かるい」ものです。
❺味つけが弱いものを「うすい」、強いものを「こい」といいます。
❻お金をもらって品物をわたすことを「うる」、その反対を「かう」といいます。

①ゾウは、地上にすんでいる動物の中で一番大きな生き物です。
②カマキリは、2つの大きなカマのような手を使って小さい虫をつかまえて食べます。
③キリンの首は2メートルもありますが、首のほねの数は人間と同じ7つしかありません。
④ゴリラがむねをたたくのは、「ドラミング」といわれる行動です。
⑤クワガタのうち、はさみのようなものが大きくなるのはオスだけです。
⑥カラスはとても頭がよく、人の顔をおぼえているといわれています。
⑦「ハト」は、むかしは手紙をはこぶ「でん書ばと」としても使われていました。

クワガタのはさみのようなものは「つの」ではなく、「あご」が発たつしたものなのです。

答え 7問

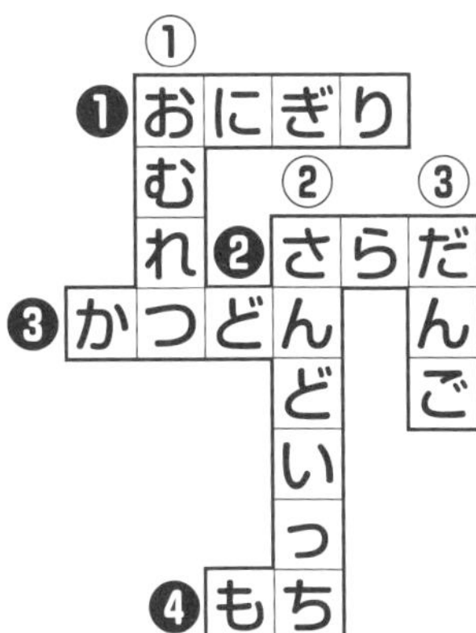

①オムレツの中にごはん（ライス）を入れたものが「オムライス」です。

②サンドイッチを考えたのは、イギリスの「サンドイッチはくしゃく」という人だといわれています。

③「花よりだんご」は美しいものより、りえきをえらぶということです。

❶「おにぎり」は「おむすび」「にぎりめし」ともいいます。

❷明治時代まで、日本では「サラダ」などの生野さいはあまり食べられませんでした。

❸「かつどん」の「かつ」は「とんかつ」のことです。

❹「もち」は「もち米」をむしてから、うすなどでついてつくります。

「かつどん」の「どん」はどんぶりのことです。「親子どん」「天どん」のように、どんぶりにもったごはんにりょう理をのせたものを「〇〇どん」とよびます。

答え 8問

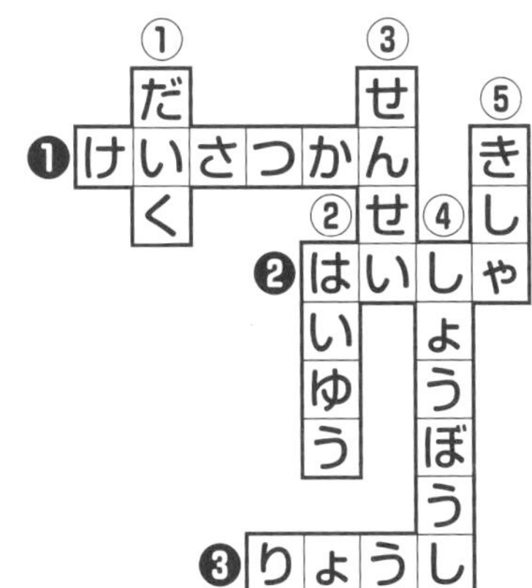

①たて物をつくる人のうち、とくに木を使う人を「大工」といいます。

②「はいゆう」のうち、男の人は「だんゆう」、女の人は「じょゆう」といいます。

③学校の先生のことは「教し」などということもあります。

④火事を消したりふせいだりする人を「消ぼうし」といいます。

⑤「新聞記者」は、事けんなどのことを調べて、記事を書く人です。

❶「おまわりさん」は、「けいさつかん」の親しみをこめたよび方です。

❷いろいろな医者のうち、歯をなおすのが「歯医者」です。

❸「りょうし」が使う船を「ぎょ船」といいます。

じっさいにえんぎをする人は「はいゆう」ですが、アニメのふきかえのように声だけでえんぎをする人を「せいゆう」といいます。

答え 9問

ひ	き	よ	ね	と
つ	か	け	ん	う
に	ん	も	ち	わ
ら	ま	ん	は	そ
だ	い	れ	い	く

①ゴリラやゾウ、クジラなど、大きな生き物を数えるときには「頭」を使います。犬やねこなど、小さい生き物には「ひき」を使います。

②うすいものを数えるときには「まい」を使います。

③人を数えるときは「人」を使います。

④「はい」は、飲み物を入れるうつわを指す言葉です。

⑤くつ下やくつなど、左右の足にはくものを数えるときには「足」を使います。

⑥「けん」は家などのたて物を数えるときに使う言葉です。

⑦車やきかいを数えるときには「台」を使います。

「たんす」はむかし、「さお」につるして運ばれていたことがあったため、今でもたんすは「ひとさお」「ふたさお」と数えます。

答え 10問

1

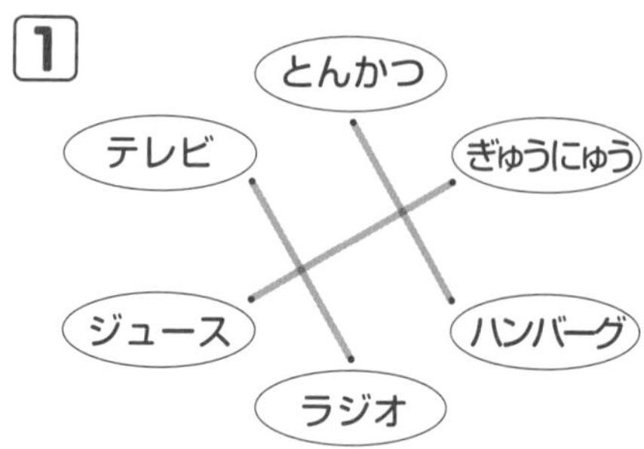

・「とんかつ」と「ハンバーグ」は、りょう理（食べ物）のなかまです。

・「ぎゅうにゅう」と「ジュース」は、飲み物のなかまです。

・「テレビ」と「ラジオ」は、電かせい品のなかまです。

2

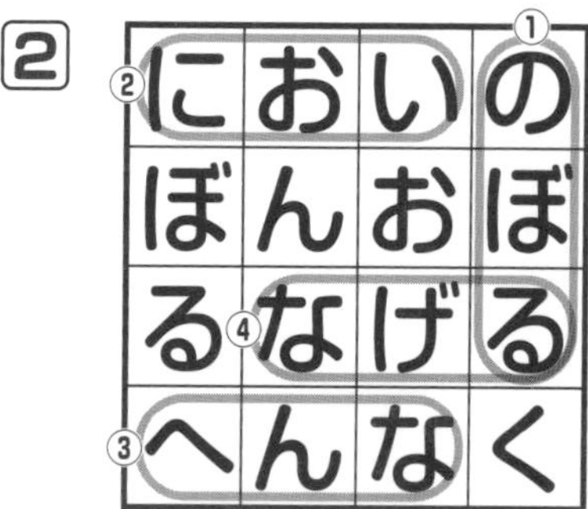

①「あがる」も「のぼる」も、上の方に動くことです。

②「かおり」も「におい」も、鼻で感じるものです。

③「おかしな」も「へんな」も、ふしぎなものを表す言葉です。

④「ほうる」も「なげる」も、手で物を遠くにとばす様子を表します。

答え11問

1

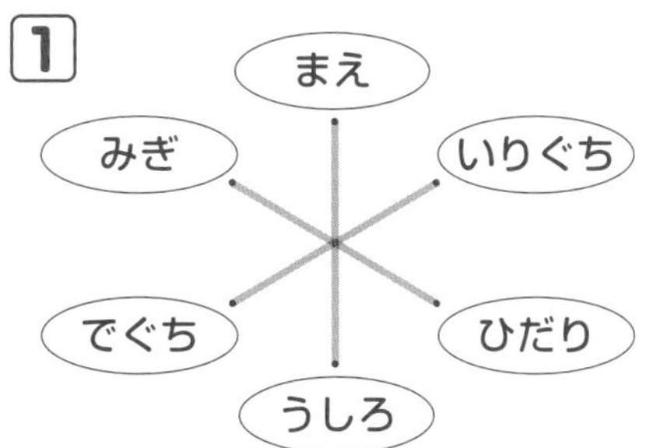

・正面の方向が「まえ」で、反対が「うしろ」です。

・「ひだり」と「みぎ」を合わせて「さゆう」といいます。

・入るときは「いりぐち」、出るときは「でぐち」を使います。物音が大きい様子を「うるさい」といいます。

2 ❶さむい　❷しずむ　❸かえる　❹あたらしい　❺うるさい

できる言葉　**むずかしい**

❶気温が高いことを「あつい」、ひくいことを「さむい」といいます。

❷月が高いところに向かう様子を「のぼる」、月が地平線や水平線の下にかくれることを「しずむ」といいます。

❸めざす場所にむかうことを「いく」、もどってくることを「かえる」といいます。

❹できたばかりものを「あたらしい」、時間がたっているものを「ふるい」といいます。

❺物音がしない様子を「しずか」、物音が大きい様子を「うるさい」といいます。

答え12問

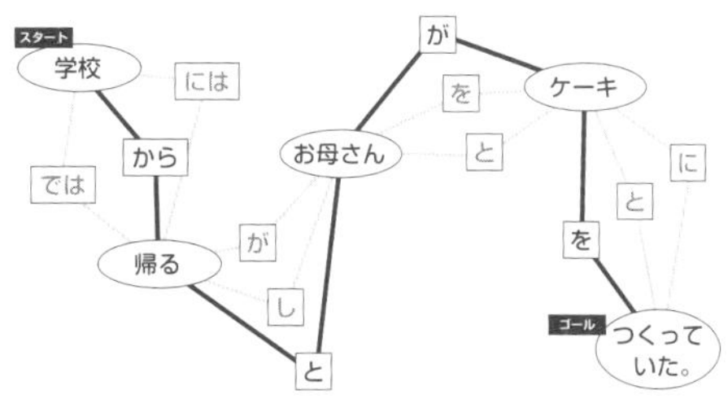

できる文

学校から帰るとお母さんがケーキをつくっていた。

・学校から…「から」は、動作をするときのスタート地点を表します。「家から出る」のスタート地点は「家」、「公園からもどる」のスタート地点は「公園」です。

・帰ると…「帰る」+「そうすると」という意味です。「空を見ると、星が出ていた」のように使い、「空を見る。そうすると、星が出ていた」という意味を表します。

・お母さんが…「が」は、その動作をする人が「だれか」を表します。ケーキをつくっているのは「お母さん」だということです。「先生が来た」「弟がねた」のように使う言葉です。

・ケーキを…「何を」は、動作をしているものを指します。「何を」「つくっていた」のかをしめします。「ぼくはパンを食べた」のように使います。

答え13問

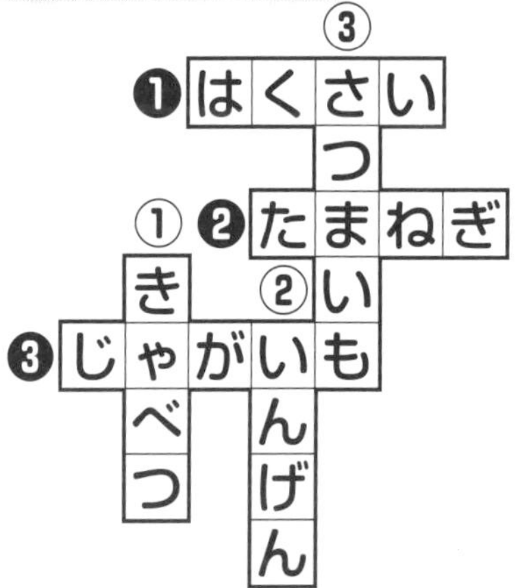

①とんかつにキャベツをさいしょにそえたのは、とんかつを考えた人の店でした。

②いんげんは、さやごと食べられますが、中身の「いんげんまめ」だけも食べます。

③「石やきいも」はあつくした石でサツマイモをやいたものです。

❶はくさいは、油がとれるアブラナという植物のなかまです。

❷たまねぎは、畑で土の中にあった部分を食べます。

❸じゃがいもをうすく切って油であげたものがポテトチップスです。

たまねぎを切るとなみだが出るのは、切ったときにたまねぎの中の物しつが出て、目に入ってしまうからです。

答え14問

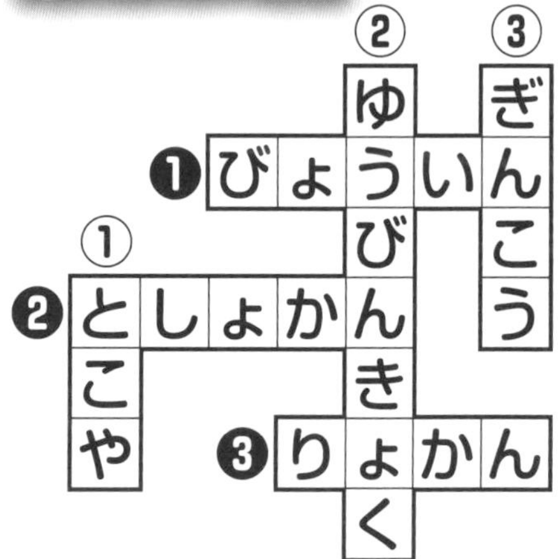

①かみの毛を切るときに行くのは「とこや」か「美よう院」「ヘアサロン」です。

②手紙や切手をあつかっているのは「ゆうびんきょく」です。

③自分のお金を家においておくとなくすなどあぶないので、銀行にあずけます。

❶病院には、病気やけがのしゅるいによって、「内科」「げ科」などがあります。

❷図書館は、都道ふ県や市町村がつくっているものがほとんどです。

❸「りょかん」のほかに、「ホテル」や、「みん宿」などにもとまります。

「とこや」ではたらくのは「理ようし」で、「美よう院」ではたらくのは「美ようし」です。

答え15問

		②				
		ほ				
❶	せ	ん	せ	い		
		じ		④		
	❷	つ	き	み		
		③		ず		
		じ		く	⑤	
①		ゅ	❸	さ	き	
❹か	こ	う			ゅ	
わ		く			う	
お	❺	に	ほ	ん	じ	ん
と		ち			つ	

①「音」には「オン」という読み方もあります。
②本日は、「今日」と同じ意味です。
③十九日は、「じゅうきゅうにち」と読むこともあります。
④水草は、水の中に生える草のことです。
⑤休日は、お休みの日のことです。
❶先生は、ものごとを教えてくれる人のことです。
❷月見は、主にまん月を見る行事です。
❸「先」は、「向こう」と同じ意味です。
❹火山のふん火する部分を火口といいます。
❺日本人は「にっぽんじん」と読むこともあります。

日本一高い山の「ふじ山」も、昔は大ふん火をしたことがある火山です。ふじ山のてっぺんには今も火口がのこっています。

答え16問

1

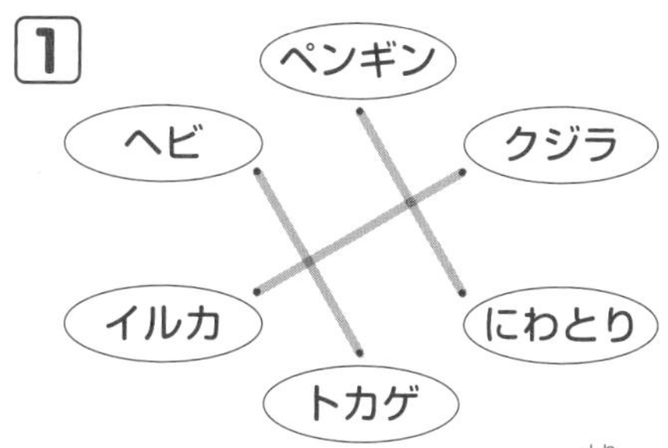

・「ペンギン」と「にわとり」は、鳥のなかまです。
・「ヘビ」と「トカゲ」は、「は虫るい」というなかまです。
・「クジラ」と「イルカ」は、海にすむ「ほにゅうるい」のなかまです。魚ではないのでたまごは生みません。

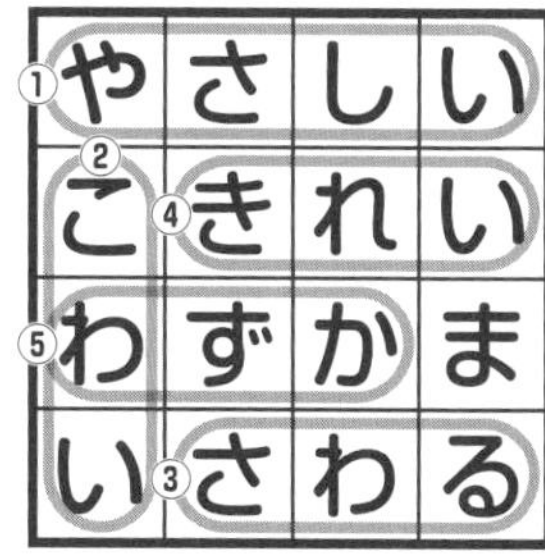

①どちらも「ときやすい」という意味です。
②あぶない感じがして不安な気持ちを表す言葉です。
③どちらも物に手をつけることです。
④気分がよく感じられる様子を、「うつくしい」や「きれい」といいます。
⑤「ちょっと」という意味の言葉です。

答え17問

1 ❶よい　❷ひく　❸でる　❹きる
❺まける　❻すずしい　❼つめたい

できる言葉 | よ | く | で | き | ま | し | た |

❶「わるい点数」はひくい点数のことです。
❷「おす」は前の方に動かすこと。「ひく」は手前の方に動かすことです。
❸「はいる」は内がわに、「でる」は外がわにい動することです。
❹「きる」は服を身につけることです。
❺2つ合わせて「しょうぶ」といいます。
❻どちらも気温を表す言葉です。
❼どちらも物の温度を表す言葉です。

2

あ	④き	ら	い
⑤う	す	い	②よ
③ご	ぜ	ん	わ
①す	く	な	い

①「おおい」は物などがたくさんある、「すくない」は物などがあまりないことです。
②「つよい」は力がたくさんあることで、「よわい」は力があまりないことです。
③「ごご」は昼の12時より後のこと。それより前は「ごぜん」です。
④「すき」は気に入っていること、「きらい」は気に入らないことです。
⑤どちらも物の「あつみ」を表す言葉です。

①「れいぞうこ」は食べ物をひやして長い間ほぞんするために使います。
②「まりつき」は、バスケットボールのドリブルのように、ボールを地面に何度もつく遊びです。
③「バイバイ」は親しい人どうしで使う、わかれの言葉です。
④「開けごま」は、「アリババと40人のとうぞく」に出てきたドアを開けるおまじないです。
❶じゅ業が始まる前は、まず立ち上がり、おじぎをしてからすわります。
❷歌のつづきは「お池にはまってさあ大へん」です。
❸「インドゾウ」は「アジアゾウ」とよばれることがあります。
❹親とはぐれて「まよっている子」が「まい子」です。
❺水をおよそ0度までひやすと、「こおり」になります。

答え19問

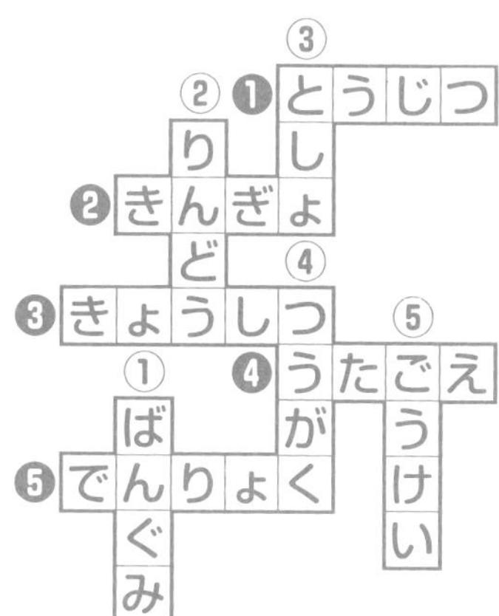

①「くみ」が「ばんぐみ」とにごるので注意しましょう。
②「林道」は、林の中を通る道のことです。
③「図書」は「本」、「館」は「たて物」という意味の言葉です。
④「学校に通う」ことが「通学」です。
⑤「全部合わせる」ことが「合計」です。
❶「当日」は、「その日」という意味です。
❷「金魚」は、見て楽しむために人が手をくわえてつくった魚で、フナのなかまです。
❸「教」は「おしえる」、「室」は「へや」という意味です。
❹「こえ」が「ごえ」と、音がにごることに注意しましょう。
❺「電気の力」が「電力」です。

金魚は、昔の中国で見つかった赤いフナのなかまから始まったといわれています。その後、日本にもつたわってきました。

答え20問

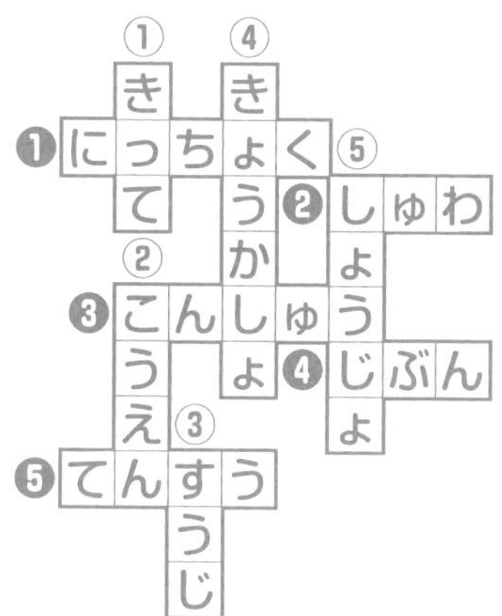

①「切る」と「手」がくっついて「きって」と、はねた音になります。
②「公」には、「みんなの」という意味があります。
③「数」を表す「字」のことです。
④「教科」を教えるために使う「書（本）」のことです。
⑤「少女」の反対は「少年」です。
❶「日」は、「その日の」という意味です。
❷「手話」は、耳や口がふ自由な人が手を使って話をする方ほうです。手のほかにうでを使うこともあります。
❸「この一週間」という意味の言葉です。
❹「その人自身」という意味です。
❺とく点の数を「点数」といいます。

切手は手紙を送るりょう金をはらったしょうこになるものです。世界で一番古い切手は 1840年にイギリスで発行されたものです。

答え21問

③じ	ゅ	う	ご	や
な	①さ	く	ら	ら
め	ば	②す	も	④こ
ろ	ら	い	ち	た
ん	め	か	ん	つ

①春…「さくら」は、春にさく花で、むかしから日本人にあいされてきた花です。さくらがさくと多くの人が花見を楽しみます。今、日本で多く植えられているのは「ソメイヨシノ」というしゅるいのさくらです。

②夏…「すいか」は、うりのなかまで、夏に水分を多くふくんだ実がとれます。実は赤いのがふつうですが、黄色いものもあります。

③秋…「じゅうごや」の日は、まん月を見ましょう。実は、まん月になるのは9月7日から10月8日の間で、毎年同じ日にまん月が出るわけではありません。

④冬…「こたつ」は、冬に体をあたためるために使うテーブルのことです。今は電気を使ったものがほとんどですが、昔は炭などを使って中をあたためていたそうです。

①「れんこん」はハスという植物の根の部分で、あなのあいた野さいです。「トマト」は赤い野さいで、日本で食べられるようになったのは明治時代のことでした。

②「パンダ」は白と黒の毛をもつ中国の動物です。「きつね」は犬のなかまの動物です。昔、きつねは人を化かす動物と考えられていました。

③「かつお」は1メートルほどの魚で、日本では昔から「かつおぶし」として食べられてきました。「たい」は、「めでたい」という言葉から、えんぎのよい魚といわれていました。

④「とんび」はタカのなかまの鳥で、「ピーヒョロロ」と鳴きます。「はと」は公園などにいる身近な鳥です。

日本にはじめてきたパンダは「カンカン」と「ランラン」という名前の2頭で、動物園に長い行列ができるほどの人気でした。

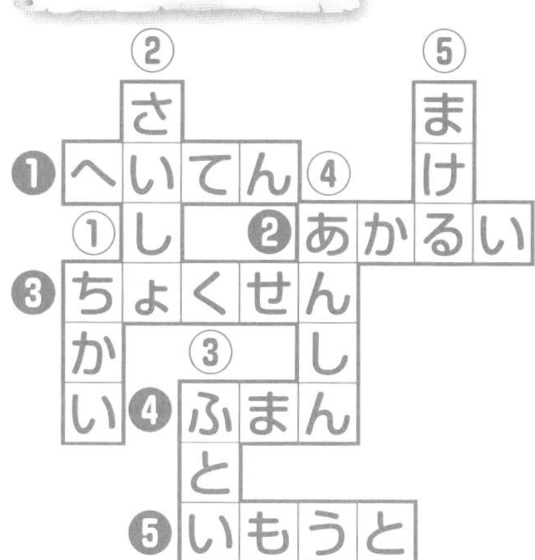

①「ちかい」は「きょりが短い」ことです。

②「さい」は「一番」という意味です。

③ぼうのような形のものの切り口の丸い部分が長いと「太い」、短いと「細い」といいます。

④「しんぱい」は気がかりなこと。反対は気がかりがない「あんしん」です。

⑤「かつ」を「しょうり」、「まける」を「はいぼく」ともいいます。

❶「かい」は「ひらく」、「へい」は「しまる」という意味です。

❷光が少ないじょうたいを「くらい」、多いじょうたいを「あかるい」といいます。

❸「直線」の直はまっすぐという意味です。

❹「ふまん」の「ふ」は打ち消しの意味で、「まんぞくではない」という意味です。

❺女のきょうだいのうち、年上は「姉」、年下は「妹」といいます。「兄」と「弟」は「兄弟」といい、「姉」と「妹」は「姉妹」といいます。

①「あかりをつけましょ、ぼんぼりに。お花をあげましょ、ももの花」とつづきます。

②竹やわらなどでつくり、田んぼや畑に立てる人形です。鳥や動物に人間がいると思わせることで作物に近づかないようにします。

③「れい和」などの言葉を元号といいます。明治時代からは天のうへいかがかわると元号もかわるようになりました。

④うめをしおづけしたもので、おにぎりに入れると夏でもくさりにくくなります。

⑤ももから生まれた「ももたろう」です。

⑥「あめんぼ」の足にはえた毛と、体から出す油によって水にうくことができます。

⑦「こんぶ」は、みそしるなどのだしをとるときに使われます。

⑧「さぼてん」は水の少ない場所でも生きられます。サボテンは昔、せっけんのかわりに使われていました。サボテンのじゅえきには、よごれを落とすこうかがあります。

答え25問

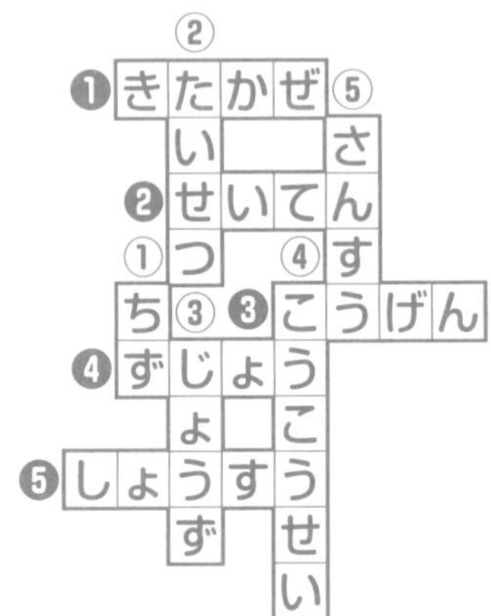

①ある場所の様子を、小さくして表したものです。道路や地形などがわかります。

②「大事」という意味の言葉です。

③「上手」は「うまくできる」という意味の言葉です。

④「高校」の正式な名前は「高等学校」です。

⑤数や図形について学ぶ教科です。

❶「北風」は冬にふくつめたい風です。

❷「晴天」とは天気がよいという意味です。

❸山にある平らな土地です。

❹「頭」の「上」が「頭上」です。

❺「少数」は「数」が「少ない」という意味です。

「上手」には、「じょうず」という読み方のほか、「うわて」や「かみて」という読み方があります。どんな意味か調べてみましょう。

答え26問

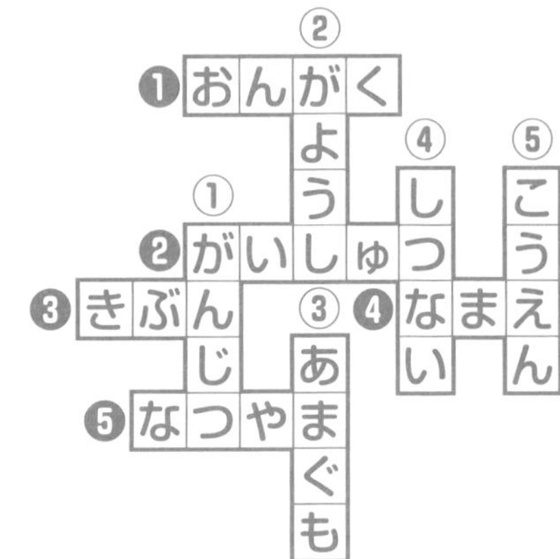

①「元日」は1月1日、つまり1年のさいしょの日のことです。

②「画用紙」は絵をかくための紙です。

③「雨」を「あま」と読むことに注意しましょう。

④「室」は「部屋」という意味なので、部屋の中、家の中という意味の言葉です。

⑤みんなで使う庭園などのことです。

❶「楽」には「ガク」と「ラク」という読み方があります。

❷「外」に「出る」のが「外出」です。

❸「気持ち」と同じような意味の言葉です。

❹その人を表すよび名のことです。

❺「夏」の「山」のことです。「冬山」という言葉もあります。

「元日」とにた意味の言葉に「元たん」という言葉がありますが、これは1月1日の「朝」のよび名です。

答え27問

①「しくしく」は、声をひそめて弱々しく泣く様子を表します。

②「こつこつ」は、あきらめずにつづける様子を表します。

③「どきどき」は、心ぞうがはげしく打つ様子を表した言葉で、心配な気持ちやこわい気持ちなども表します。

④「つるつる」は、なめらかですべりやすい様子を表します。

⑤「ころころ」は、まるいものが転がる様子を表します。

⑥「すいすい」は、軽やかにすばやく動く様子を表す言葉です。

⑦「からから」は、水分がまったくなくなってかわいた様子を表します。

⑧「きらきら」は、光りかがやく様子を表す言葉です。

答え28問

①紙など、うすいものを数えるときには「まい」を使います。

②細長いものを数えるときには「本」を使います。「いっぽん、にほん、さんぼん」と読み方がかわるので注意しましょう。

③「つぶ」は、丸くて小さいものを数えるときに使う言葉です。

④「わ」は、主に鳥の数を数えるときに使う言葉です。

⑤動物を数えるとき、人間より大きなものには「頭」、人間よりも小さなものには「ひき」を使うことが多いようです。

⑥歌を数えるときは「曲」を使います。

⑦こん虫や小さな動物を数えるときには「ひき」を使います。

⑧「両」は、電車の台数を数えるときに使う言葉です。

「わ」は鳥の数を数える言葉ですが、動物の「うさぎ」を数えるときにも使います。

答え29問

①「それに」は、前のことにつけくわえるときに使う言葉です。

②「でも」は、前のことと後のことが反対になっているときに使います。

③「つまり」は、前の内ようをわかりやすく言いかえるときに使う言葉です。

④「または」は、いくつかのものの中からどれかをえらぶときに使う言葉です。

⑤「なぜなら」は、理由を後につけくわえるときに使う言葉です。

⑥「だから」は、原いんがあり、後にそのけっかがつづくときに使います。

⑦「では」は、前の事を理由にして後の事をつづけるときに使う言葉です。話題をかえるときにも使います。

これらの言葉のように、文と文、言葉と言葉をつなげる言葉を、「せつぞくご」といいます。

答え30問

1

用	下	五	口	右
犬	半	文	母	引
中	月	午	手	牛
左	白	公	目	本
切	上	今	女	王
心	日	止	天	火

2

羽	回	会	光	考
何	弟	体	走	声
角	岩	画	行	図
汽	京	国	門	社
近	形	言	谷	作
科	海	用	台	夏

3 できる言葉 **出口**

漢字をおぼえるときは、読み方だけではなく、正しい画数、筆じゅんもおぼえましょう。正しい画数や筆じゅんをおぼえると、字がきれいに書けるようになります。

画数をまちがえやすい漢字には次のようなものがあります。

子…了の部分を2画に分けて書きます。

弓…3画で書く漢字です。

進…辶の部分は、3画で書きます。

部…阝の部分は3画で書きます。

糸…全体を6画で書きます。

「草」という字の「艹」や、「泳」の「氵」の部分は「部首」といって、漢字の意味を表しています。「艹」は植物、「氵」は水という意味を表します。

答え31問

	①				⑤		
❶	あ	い	ず	④		ぎ		
	し		❷	か	し	ゅ		
	も		③	が		う		
❸	と	う	ほ	く		に		
	②		う	❹	さ	く	ぶ	ん
❺	た	に	が	わ				
	す		く					
	う							

①「足元」は、自分が立っている地面のあたりという意味です。
②「数」が「多い」のが「多数」です。
③方向を「東西南北」で表したものが「方角」です。
④「科学」は、主に自然に起きる物事を研究する学問です。
⑤「牛」の「肉」が「牛肉」です。
❶「合図」は、身ぶりや手ぶりで何かを知らせることです。
❷「歌手」「運転手」のように、「手」は「人」という意味を表します。
❸「東北」は、日本の地いきを表す言葉です。
❹「作文」は、「文」を「作る」ことです。
❺「谷間」を流れる「川」が「谷川」です。

「北海道」「東北」「関東」「中部」「近畿」「中国」「四国」「九州・沖縄」と日本を8つの地いきに分けてよぶことがあります。

答え32問

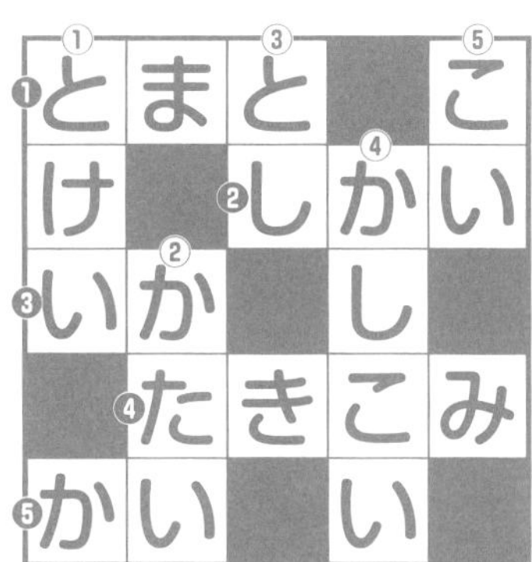

①時間をしめす道具を「時計」といいます。
②力をくわえても形がかわりにくいせいしつを「かたい」といいます。
③たん生日には「年」をとります。
④「かしこい」は「頭がいい」という意味の言葉です。
⑤「こい」は、真水にすむ魚です。
❶「トマト」は、赤い実がなる水分の多い野さいです。
❷話し合いを進めるのは「し会者」の役目です。
❸「たこ」の足は8本、「いか」の足は10本です。
❹いろいろな具を入れてたいたごはんを「たきこみごはん」といいます。
❺かたい貝がらを持った「貝」のなかまです。

「トマト」「新聞紙」「わたし負けましたわ」など、前から読んでも後ろから読んでも同じになる言葉を、「回文」といいます。

答え33問

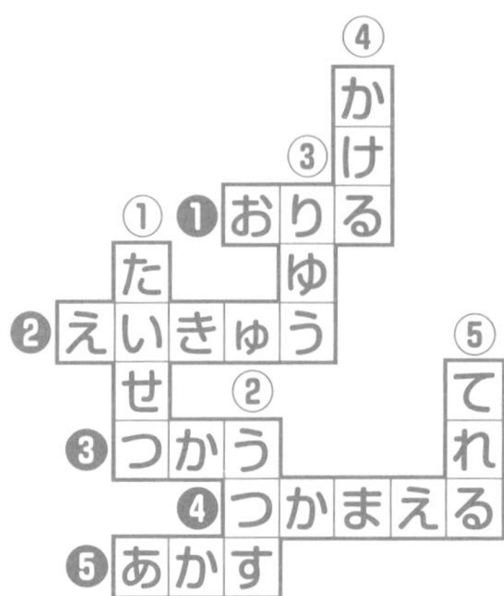

①「大事」も「大切」も、自分にとってかちがあるという意味です。

②「写真をとる」ことを、「写真をうつす」ともいいます。

③「事じょう」も、「わけ」や「理由」という意味で使われることがあります。

④「かける」は「かけめぐる」「かけっこ」のように使います。

⑤はずかしいという気持ちを表す言葉です。

❶高い所からひくい所に行くことです。

❷どちらも「いつまでもつづいて、終わりのないこと」という意味です。

❸「用いる」と「使う」を合わせた「使用」という言葉も同じ意味の言葉です。

❹おさえてにげないようにすることです。

❺本当のことを話すという意味の言葉です。

①「けっせき」は、出なければならないところに出ないことです。

②「ひつ」は「かならず」、「よう」は「いる」という意味です。

③「多い」と「少ない」を使った「多少」という言葉があります。

④かんたんに持ち上げられるものは「軽い」ものです。

⑤きれいなじょうたいを「せいけつ」といいます。

❶「勝負」は、「勝ち」か「負け」かを決めるものです。

❷ページ数が多い本は「あつい」本、ページ数が少ない本は「うすい」本です。

❸「短い」時間の反対は、「長い」時間です。

❹仕事や計画などがうまくいくことを「せいこう」、うまくいかないことを「しっぱい」といいます。

❺眠りからさめてねどこから出ることが「起きる」です。

答え35問

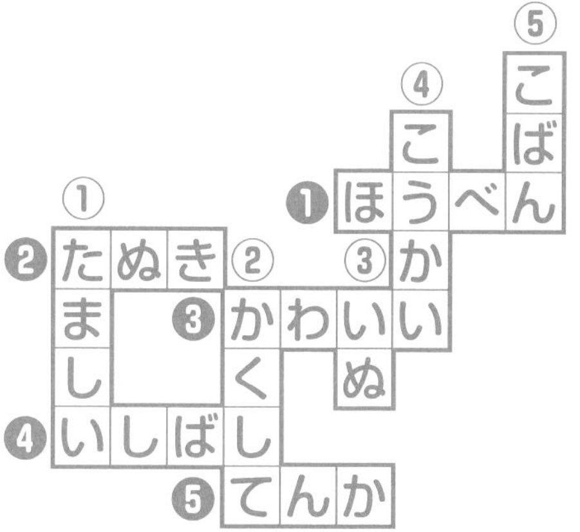

①「小さいときに身につけたことは、年を取ってもわすれない」という意味です。

②悪い部分をかくしたつもりでも見えているじょうたいをばかにしていう言葉です。

③出歩けばよいことがある、という意味と、何かしようとすれば悪いことが起きるという2通りの意味を表します。

④しっぱいしたことは、くやんでも取り返しがつかないという意味のことわざです。

⑤よいものを持っていても、そのかちがわからないという意味のことわざです。

❶うそは悪いことだが、ひつようなときもあるという意味です。

❷まだ手に入れてないのに、それを当てにして計画を立てる様子を表します。

❸大事だと思う子ほどあまやかさずにきびしさを教えたほうがよいという意味です。

❹とてもしんちょうな様子を表します。

❺お金は1か所にとどまっていないで、世の中のいろいろな人の手にわたるという意味です。

答え36問

①バドミントンは、ネットをはさみ、シャトルといわれる羽根を打ち合うスポーツです。

②たっ球もラケットでボールを打ち合いますが、3文字なのでテニスが入ります。

③サッカーでは、11人のうちゴールキーパーだけが手でボールをさわることをゆるされています。

④ラグビーでは、自分より後ろの方にしかパスをしてはいけません。

⑤ボーリングは、重い球を使って10本のピンをたおすスポーツです。

❶バスケットボールのルールだと、ボールを持ったままでは2歩まで。

❷弓矢で遠くのまとをいるスポーツです。日本語では「洋弓」といいます。

❸マラソンは、陸上きょうぎの中の長きょり走のしゅ目の一つです。

❹バレーボールは、自分のコートにきたボールを、3回い内に相手のコートに打ち返すスポーツです。

答え37問

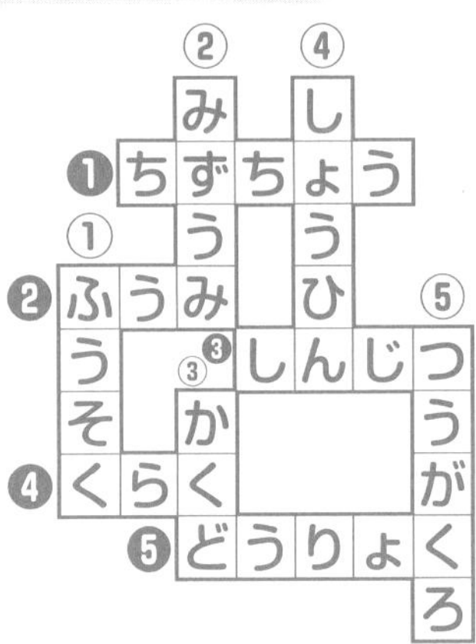

①「風」の「速さ」が「風速」です。

②「湖」は、くぼ地に水がたまった場所で、池やぬまよりも広くて深さがあります。日本で一番大きな湖は、しが県にある「びわ湖」です。

③「角度」は、「角」の大きさをしめす言葉です。

④店で売る品物を「商品」といいます。

⑤「学校」に「通う」「道路」が「通学路」です。

❶いろいろな地図を1さつにまとめた本を「地図帳」といいます。

❷かおりや味わいのことです。

❸「真実」は、「本当のこと」という意味の言葉です。

❹「苦」はつらいこと、「楽」は楽しいことを表します。

❺「動くための力」のことです。

答え38問

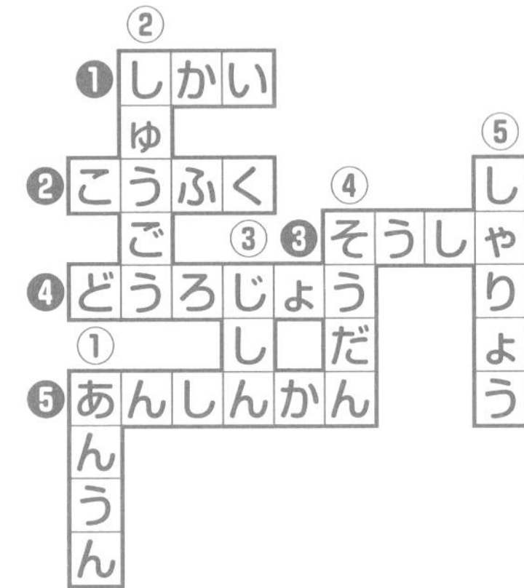

①雨がふりだしそうな黒い雲を「暗雲」といいます。

②「集合」は、「集まる」という意味です。

③「自身」は、「自分」のことです。

④問題をかい決するため話し合ったり、アドバイスをもらったりすることです。

⑤車りんのついた乗り物のことです。電車に使うことが多い言葉です。

❶「歯医者」のことを「歯科医」ともいいます。

❷「幸」も「福」も、しあわせという意味です。

❸「走者」は、走る人のことです。

❹「道路」の「上」のことです。

❺「……感」という言葉の「感」は、気持ちという意味です。「安心感」は、ほっとする気持ちのことです。

「暗雲」は、「悪いことが起きそうな気配」という意味でも使われます。

答え39問

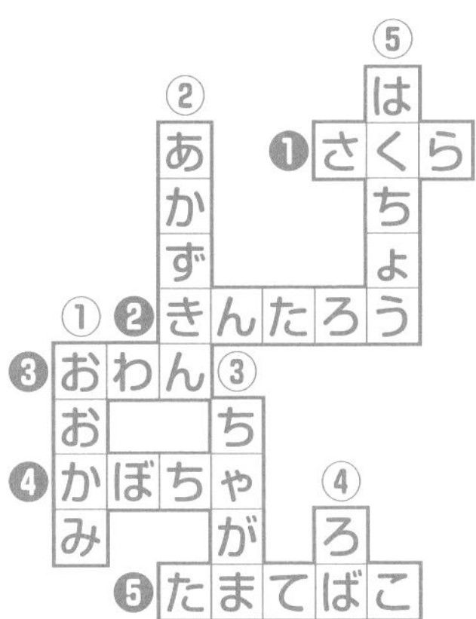

①「オオカミが来た」とうそばかりつく少年が、本当にオオカミが来たときにだれにもしんじてもらえなかったという話です。

②赤いずきんをかぶった「あかずきんちゃん」が主人公の物語です。

③「茶がま」は、お茶をつくるときに使う道具です。

④王様の耳がロバの耳になってしまったお話です。

⑤ほかのアヒルと見た目がちがうためにいじめられていた鳥は、実は白鳥でした。

❶おじいさんがはいをまくと、さくらのかれ木に花がさきました。

❷「まさかりかついだ金太ろう」という歌があります。

❸「一すんぼうし」は、おわんの船をおはしでこいで旅に出ました。

❹シンデレラは、「かぼちゃ」の馬車に乗っていました。

❺「玉手箱」を開くとろう人になりました。

答え40問

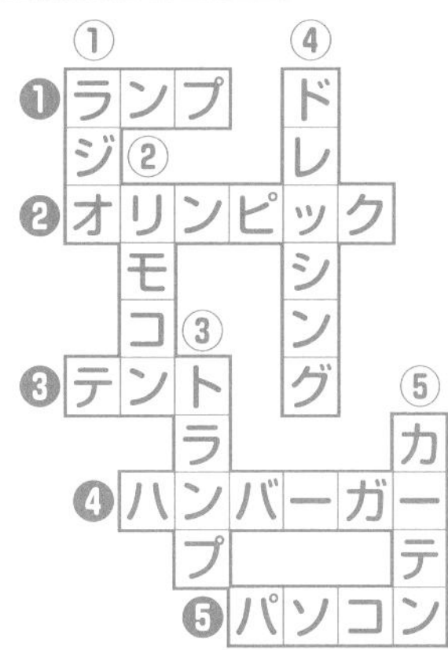

①「ラジオ体そう」は、ラジオから流れるピアノのえんそうに合わせてする体そうです。

②「リモコン」は、「リモートコントロール」を短くした言い方です。

③53まいで1組のカードゲームです。

④「ドレッシング」は、サラダなどを食べるときにかける調味りょうの一つです。

⑤「カーテン」は、外から家の中が見えないようにする役目もあります。

❶「ランプ」は、石油などを使って部屋を明るくするための昔の道具です。

❷「オリンピック」は、平和の祭てんとよばれるスポーツ大会です。

❸雨風をさけるため「テント」をはります。

❹アメリカの代表てきな食べ物です。

❺「PC」（ピーシー）ともよびます。

短くした言葉は日本語にもあります。電車の「とっ急」は「とくべつ急行」、「東大」は「東京大学」を短くしたものです。

答え41問

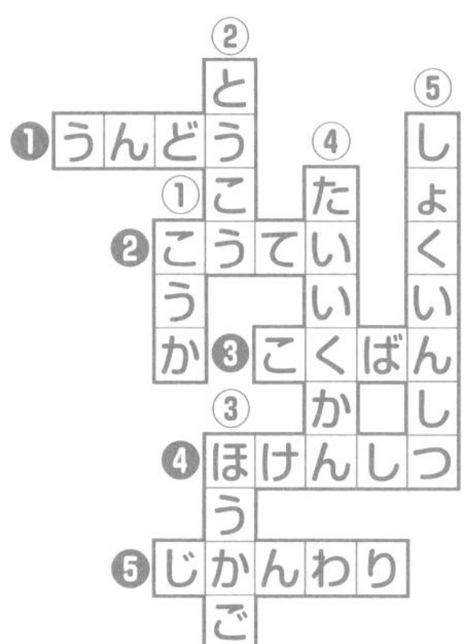

①その学校のふんい気や目ひょうなどを表した歌です。
②漢字では「登校」と書きます。
③「放か後」の「放か」は、その日のじゅぎょうが全部終わるという意味です。
④「体育館」の「館」は、たて物という意味を表す漢字です。
⑤先生など、学校ではたらく人を学校の「しょく員」といいます。
❶「体育祭」とよぶ学校もあります。
❷「校庭」は「学校の庭」という意味です。
❸「黒板」はチョークで文字を書く板です。
❹「ほけん室」には、せん門の先生がいて、けがのちりょうなどをしてくれます。
❺曜日ごとに、その日のじゅ業の科目を書いた表が「時間わり表」です。

今の黒板は緑色に近い色ですが、昔の黒板は真っ黒な板でした。そのときの名前が今も使われているのです。

答え42問

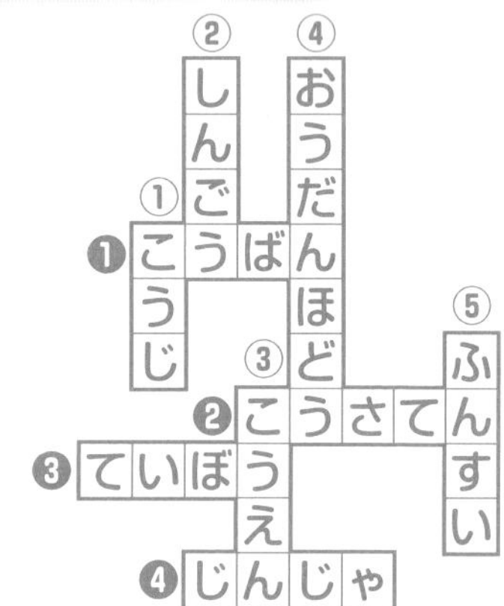

①道路やたて物などをつくる作業などを「工事」といいます。
②歩行者用のしん号は赤と青だけです。
③「公園」はみんなで使う場所です。
④「横だん歩道」の代わりに「歩道橋」をわたるところもあります。
⑤アメリカには170メートルの高さまで水がふきあがる「ふん水」があります。
❶「交番」は町の中にあるたて物で、けいさつかんがいる場所です。
❷道が交わる場所を「交さ点」といいます。
❸「ていぼう」は、「つつみ」とよばれることもあります。
❹はつもうでに行く場所はお寺や「神社」です。

青は広くは緑・あい色をふくむ色です。

答え43問

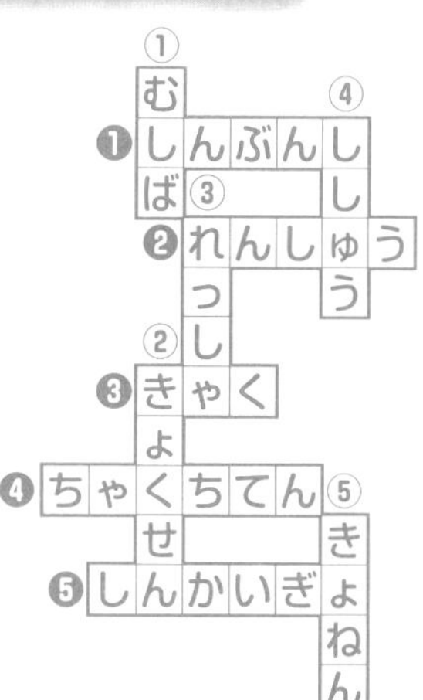

①虫歯を予ぼうするためには、こまめに歯みがきをすることが大切です。
②「曲がった線」が「曲線」です。
③いくつかの車両がつながった電車を「列車」といいます。
④「詩を集めた」本を「詩集」といいます。
⑤「去年」は、今年の前の年のことです。
❶新聞記事がいんさつされた紙を「新聞紙」といいます。
❷トレーニングとにた意味です。
❸「たずねてくる人」のことを「客」といいます。「お客さま」はていねいな言い方です。
❹地面に着いた場所が「着地点」です。
❺海の深いところにすむ魚を「深海魚」といいます。

深海魚は、200メートルい上の深い海にすむ魚です。深い海で生活できるように進化しているものが多いです。

答え44問

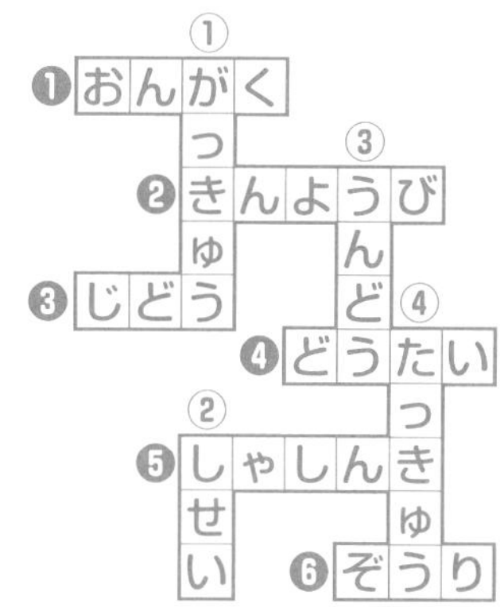

①クラスメイトは「級友」のことです。
②「かっこよいポーズ」のように使い、「しせい」という意味です。
③「運動せん手」と「スポーツせん手」は同じ意味です。
④テニスににていて、テーブルを使うので、えい語では「テーブルテニス」ともよばれます。
❶「音楽家」のことは「ミュージシャン」ともいいます。
❷金曜日という意味のえい語の言葉です。
❸「オートドア」は「自動ドア」のことです。
❹ ひ行機のボディーといえば、ひ行機のどう体を指します。
❺写真をとるきかいを「カメラ」といいます。
❻くつのように足全体をおおいかくさないはき物を「サンダル」や「ぞうり」とよびます。

答え45問

①その人のよいところを「長所」、悪いところを「短所」といいます。

②「寒中見まい」は冬に、「暑中見まい」は夏に出す手紙です。

③川のうち、上流の方を「川上」、下流の方を「川下」といいます。

④「休日」ではない日を「平日」といいます。多くの人は仕事や学校がありますね。

⑤「屋外」は家の外、「屋内」は家の中のことです。

⑥「さんせい」は人の意見をいいと感じてみとめることです。よくないと感じたときは「反対」します。

❶「けんこう」ではないじょうたいを「病弱」といいます。

❷会を始めることを「開会」といいます。

❸火をつけることを「点火」、消すことを「消火」といいます。

❹前の方が「前方」で、後ろの方は「後方」です。

答え46問

①「人のあげ足を取る」というように使う言葉です。

②「根も葉もないうわさ」というように使います。

③「たこ」は生き物ではなく、手や足にできる「たこ」のことです。

④「うで」は実力という意味で使われることが多い言葉です。

⑤「うのみ」の「う」は、魚を丸飲みにする鳥の名前です。

❶「歩きすぎて足がぼうになる」というように使います。

❷あきれて物が言えないじょうたいです。

❸漢字では「小耳」と書きます。

❹「あご」がはずれるほど、わらって口をあけたということです。

❺「まくらを高くしてねる」ということもあります。

答え47問

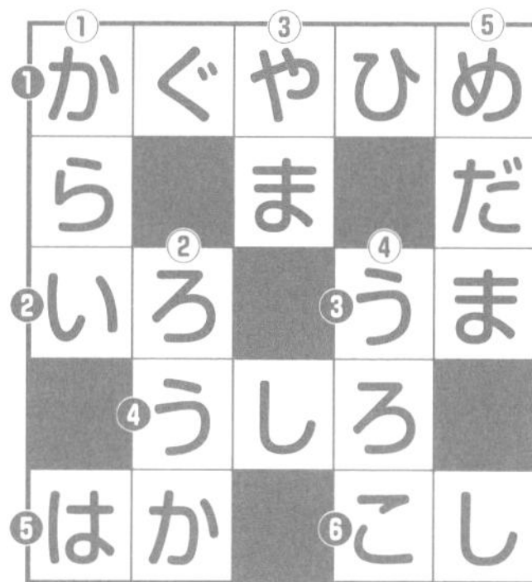

①「からい」は、しょっぱいという意味で使われることもある言葉です。

②たて物の中でいどうするために「ろうか」を使います。

③「山口県」「おか山県」など、「山」がつく県名は全部で6つあります。

④多くの魚の表面には「うろこ」がついています。りょう理するときには、うろこは取りのぞきます。

⑤目に形がにているから「目玉やき」とよばれます。

❶物語の中で「かぐやひめ」は、竹から生まれ、大人になると月に帰っていきます。

❷「みどり」「き」「きん」はそれぞれ色を表す言葉です。

❸「けい馬」は馬が走るレースです。

❹3文字なので「うしろ」が入ります。

❺おぼんには死んだ人のたましいが帰ってくるといわれています。

❻「こしを下ろす」とは、すわることです。

がんばったね！

監修者
深谷圭助（ふかや　けいすけ）

1965年生まれ。愛知県公立小中学校教諭、立命館小学校校長、ロンドン大学東洋アフリカ研究学院客員研究員を経て、現在中部大学教授。NPO法人こども・ことば研究所理事長。博士（教育学）。1990年代から開発・提唱してきた「辞書引き学習」が、子どもが自ら進んで学び、語彙力・読解力が飛躍的に伸びる学習法として注目を集める。著書・監修書に『小学生の重要語句クロスワード　1・2年生』『小学生の重要語句クロスワード　漢字1・2・3年生』（池田書店）、『角川ことばじてん』（KADOKAWA）など多数。
●公式ホームページ　http://jishobiki.jp/

パズル制作／鈴木啓
イラスト／水野ゆうこ
DTP・本文デザイン／CROCO-STUDIO
カバーデザイン／前田宏治（United）
編集／角健太郎・伊藤隆（株式会社エディット）
企画・進行／寺田須美（日東書院本社）

ことばの力がどんどん身につく!
クロスワードパズル　小学1・2・3年生

2020年3月1日　初版第1刷発行

監修者　深谷圭助
発行者　廣瀬和二
発行所　株式会社　日東書院本社

〒160-0022　東京都新宿区新宿2丁目15番14号　辰巳ビル
TEL　03-5360-7522（代表）
FAX　03-5360-8951（販売）
URL　http://www.TG-NET.co.jp
印刷　三共グラフィック株式会社
製本　株式会社セイコーバインダリー

ISBN 978-4-528-02287-4 C8076